Les idées gourmandes
des Cercles C[illegible]

Fromages en cuisine

130 recettes faciles à réaliser

Photographies Claude Herlédan

EDITIONS OUEST-FRANCE
13, rue du Breil - Rennes

Les fromages en cuisine

Avant-propos

Créé en 1994 par le Cidil*, le Cercle culinaire de Rennes est une école de cuisine familiale qui dispense des cours de cuisine accessibles à tous, petits et grands, marmitons et cordons-bleus.
Avec le réseau Cidil des Cercles culinaires agréés, qui s'appuie sur des écoles hôtelières implantées sur tout le territoire, cet ensemble a pour vocation de développer l'apprentissage à la cuisine et de transmettre une culture culinaire auprès du plus grand nombre.
« Les fromages en cuisine » multiplient les possibilités de préparations, à froid en salade, à chaud dans les sauces, en gratins ou bien en spécialités telles que tartiflette, fondue et autre aligot. Mieux encore, ils s'adaptent merveilleusement aux pratiques actuelles et s'avèrent de précieux compagnons de tablées à la maison.

Freddy Thiburce,
délégué régional du Cidil.

* *Centre interprofessionnel de documentation et d'information laitières.*

Mises en bouche et tartines

Galettes de blé noir, confiture d'oignons et livarot

Pour 4 personnes

2 galettes de blé noir, **10 g de beurre,** **120 g de livarot**	**Confiture** **3 oignons,** **90 g de beurre,** **10 cl de grenadine,** **50 cl de vin rouge corse,** **25 cl de fond de veau**

Confiture
Émincer les oignons, les faire étuver au beurre.
Ajouter la grenadine, réduire légèrement. Ajouter le vin et réduire à nouveau.
Terminer par le fond de veau, réduire et laisser refroidir.

Préchauffer le four à 180 °C.
Retirer la croûte du livarot et le couper en petites lamelles.
Détailler les galettes à l'aide d'un emporte-pièce (diamètre 3-4 cm), les placer sur une plaque à four, les beurrer puis disposer une cuillerée de confiture d'oignons au centre.
Déposer une lamelle de livarot et passer au four 2 min.

Mini-craquelins, concassée de tomates, banon au basilic

Pour 4 personnes

8 mini-craquelins,
1 pincée de sucre,
2 tomates,
sel, poivre, *pm,
1 échalote,
1 gousse d'ail,
8 morceaux de banon,
1 bouquet garni (persil, thym, laurier), basilic, *pm,
10 g de beurre
***pm = pour mémoire**

Laver les tomates, retirer le pédoncule, inciser en croix leur sommet et les plonger dans l'eau bouillante 30 secondes. Les sortir et les mettre dans un bain d'eau froide.
Les égoutter, les peler, les couper en deux horizontalement, les vider à l'aide d'une petite cuillère, puis les couper en petits morceaux.
Éplucher l'échalote, l'ail, le dégermer. Ciseler l'échalote. Faire fondre le beurre dans une casserole, ajouter l'échalote et la faire revenir sans coloration.
Adjoindre les tomates coupées, l'ail, le bouquet garni, le sucre et cuire jusqu'à évaporation de l'eau de végétation. Assaisonner et laisser refroidir.
Laver le basilic et le couper finement.
Mettre une cuillerée à café de tomate dans le craquelin, couper le chèvre en rondelles, le placer au centre, terminer par le basilic.

Craquant d'Ossau Iraty, marmelade de griottes

Pour 4 personnes

1 paquet de feuilles de brick,
30 g + 50 g de beurre,
300 g d'Ossau Iraty,
360 g de griottes au sirop,
30 g de sucre cassonade, poivre du moulin, *pm

Clarifier le beurre.
Égoutter les griottes, réserver 20 cl de jus. Les hacher grossièrement.
Faire revenir les griottes dans le beurre, saupoudrer de sucre, ajouter le jus et le réduire à consistance sirupeuse. Refroidir.
Écroûter le fromage, prélever des copeaux.
Préchauffer le four à 200 °C, détailler des carrés ou rectangles dans les feuilles de brick.
Mettre sur plaque et badigeonner de beurre clarifié.
Cuire quelques minutes.
Répartir de la marmelade sur le craquant, placer les copeaux de fromage et poivrer.

Pain d'épice, boudin noir et salers

Pour 4 personnes

4 tranches de pain d'épice,
8 rondelles de boudin noir,
80 g de salers

Couper quatre tranches de pain d'épice, les tailler en quatre morceaux. Couper le boudin en rondelles, retirer la croûte du salers et le découper en morceaux.
Préchauffer le four à 190 °C, th. 6.
Prendre le pain d'épice, y déposer une demi-rondelle de boudin noir, terminer par le salers et tiédir au four.

Bouchées « Le Rustique » à la confiture de tomate et de mangue

Pour 4 personnes

1 camembert,
4 à 6 bouchées feuilletée avec chapeau,
1 fenouil,
1 petit oignon,
100 g de champignons frais,
100 g de crème,
2 cl de cognac,
50 g de beurre,
2 jaunes d'œufs,
poivre, *pm (pour mémoire),
muscade, *pm,
sauce Worcester, *pm (sauce anglaise)

Confiture
500 g de tomates,
300 g de mangue,
1 petit oignon,
sel, poivre, *pm*, sucre, *pm

Faire revenir le fenouil dans du beurre préalablement découpé en dés pendant 10 min.
Ajouter l'oignon, laisser encore 10 min, puis les champignons et laisser colorer le mélange pendant 10 min.
Ajouter la crème en remuant sur un feu doux. Retirer du feu quand le mélange atteint une consistance veloutée.
Laisser refroidir un peu et ajouter les deux jaunes d'œufs.
Incorporer le camembert en dés et goûter le tout avec sel, poivre et sauce Worcester.
Pour la confiture, inciser les tomates, les mettre dans l'eau bouillante 15 secondes puis les passer à l'eau froide et les peler, les épépiner.
Découper les tomates en dés et faire cuire avec les 200 g de mangue et l'oignon.
Verser le mélange dans les bouchées et les mettre à cuire au four préchauffé à 200 °C 5 à 10 min.
Mettre le chapeau et servir avec la confiture à la tomate et à la mangue.

Bouchées d'escargots au gaperon

Pour 4 personnes

8 escargots au naturel,
80 g de gaperon frais,
1 œuf,
2 cuillères à soupe d'huile d'arachide,
60 g de poudre de noisettes,
30 g de farine, sel, poivre, *pm,
25 cl d'huile (friture)

Travailler le gaperon en l'écrasant à l'aide d'une fourchette.
Égoutter les escargots, les rincer. Enrober avec le gaperon.
Préparer l'anglaise (œuf battu en omelette, sel, poivre et huile).
Passer les escargots dans la farine, dans l'anglaise puis dans la poudre de noisettes.
Frire à l'huile, déposer sur papier absorbant. Servir tiède.

Rillettes de langres au saumon fumé

Pour 4 personnes

200 g de langres,
10 cl de crème fraîche,
4 tranches de saumon fumé,
1 cuillère à soupe de ciboulette,
sel, poivre, *pm

Choisir un langres bien affiné.
Retirer la croûte du fromage, l'écraser à la fourchette, assaisonner.
Ajouter la ciboulette préalablement lavée et hachée finement, le saumon découpé en petits dés et mélanger.
Fouetter la crème en chantilly et l'incorporer délicatement dans la préparation ci-dessus.
Mettre en petits ramequins et laisser au frais 2 à 3 h.
Servir avec du pain de campagne grillé.

Tartine de Saint-Jacques au comté

Pour 1 personne

3 noix de Saint-Jacques,
30 g de comté,
1 tranche de pain
de campagne

Marinade
1 cuillère à soupe de jus de citron vert, 1 cuillère à soupe d'huile d'olive, baies roses, *pm, aneth, *pm, ciboulette, *pm, sel, poivre, *pm

Tailler les noix de Saint-Jacques en tranches fines.
Les badigeonner de marinade et réserver au frais.
Préchauffer le four en position gril.
Griller d'un seul côté la tartine de pain.
Retirer la croûte du comté, le détailler en lamelles.
Placer les Saint-Jacques sur la tranche de pain côté non grillé, badigeonner de marinade à nouveau, ajouter le fromage et passer au four 30 secondes.

Tartine de légumes marinés, au Vieux Pané

Pour 4 personnes

4 tranches de pain à l'épeautre,
1/2 petite courgette,
1/2 poivron rouge ou jaune,
2 tomates confites (en bocal),
4 oignons nouveaux,
10 cl d'huile d'olive,
3 gousses d'ail,
5 brindilles de thym,
1/2 botte de coriandre,
120 g de Vieux Pané,
2 cuillères à soupe de crème fraîche épaisse,
1 pincée de fleur de sel,
1 pincée de poivre,
1 pincée de paprika

Laver les légumes, éplucher les oignons, l'ail, le dégermer. Retirer les graines du poivron.
Tailler la courgette en bâtonnets, le poivron en lamelles fines, les oignons en deux ou quatre selon leur grosseur.
Verser 1 litre d'eau dans la partie basse du cuit-vapeur, ajouter le thym, la coriandre. Porter à ébullition.
Mettre dans un plat l'ail écrasé, l'huile d'olive, le paprika et une brindille de thym.
Mettre les légumes dans le cuit-vapeur pendant 10 min, 5 min pour les petits oignons. Les laisser refroidir et les faire mariner 1 h dans la préparation précédente.
Retirer la croûte du fromage (ou bien la garder) et le couper en lamelles.
Placer sur les tranches de pain les légumes préalablement égouttés de la marinade, puis parsemer la crème fraîche et ajouter les lamelles de Vieux Pané.
Passer au four quelques minutes. Décorer avec les tomates confites, quelques pluches de coriandre et une pincée de fleur de sel.

Conseil

Servir avec une salade aux pignons de pins.

Tartine savoyarde au reblochon

Pour 1 personne

1/8 de reblochon,
1 tranche de lard fumé,
2 pruneaux,
10 g de beurre,
1 tranche de pain de campagne

Gratter la croûte du reblochon, le couper en lamelles assez fines.
Faire fondre du beurre dans une poêle, faire revenir le lard, éponger sur papier absorbant.
Couper les pruneaux en petites lanières ainsi que le lard.
Préchauffer le four en position gril.
Disposer le reblochon sur la tranche de pain, ajouter les pruneaux, le lard rôti.
Passer quelques minutes au four pour faire fondre le reblochon.

Tartine aveyronnaise au pérail

Pour 1 personne

1/4 de pérail,
1/2 fond d'artichaut,
30 g de foie gras frais,
1 tranche de pain de campagne,
30 g de salade mélangée,
1/2 cuillère à soupe de vinaigre balsamique,
1 cuillère et demie à soupe d'huile d'olive,
sel, poivre, *pm,
2 tomates cerise

Couper le demi-fond d'artichaut en lamelles ainsi que le pérail.
Disposer sur la tartine puis placer le foie gras.
Préchauffer le four en position gril. Passer quelques instants les tartines jusqu'à ce que le fromage soit fondu.
Servir avec la salade et les tomates cerise.

Tartine normande au camembert

Pour 1 personne

1/4 de camembert,
2 à 3 tranches fines d'andouille,
1/8 de pomme,
1 cuillère à soupe de jus de citron,
1 tranche de pain de campagne

Éplucher la pomme, la citronner, la couper en tranches fines.
Préchauffer le four en position gril.
Couper le camembert en lamelles, les placer sur le pain.
Ajouter l'andouille puis la pomme.

Tartine solognote au selles-sur-cher

Pour 1 personne

1 tranche de pain de campagne,
50 g de blanc de cabillaud,
1 tranche épaisse de selles-sur-cher,
35 g de crème épaisse,
sel, poivre, *pm,
champignons de Paris
10g de beurre

Préchauffer le four à 200 °C (th. 6-7).
Laver les champignons, les couper en lamelles, les cuire rapidement dans le beurre.
Assaisonner le poisson.
Cuire le cabillaud au four 4 à 5 min, l'effeuiller.
Découper les rondelles de selles-sur-cher.
Assaisonner la crème épaisse, l'étaler sur la tartine.
Répartir le poisson dessus, les champignons, ajouter le fromage, napper de crème et poivrer.
Passer au four quelques minutes.

Tartine jurassienne au morbier

Pour 1 personne

60 g de morbier,
1 tranche de pain de campagne,
3 tranches fines d'andouille

Préchauffer le four à 200 °C (th. 6-7).
Retirer la croûte du morbier, le tailler en lamelles, le placer sur le pain.
Mettre sur gril et passer au four jusqu'à ce que le fromage commence à fondre.
À la sortie du four, ajouter les tranches d'andouille et repasser 30 à 40 secondes.
Servir avec une salade verte et des rondelles d'oignons rouges.

Tartine de boudin noir à l'époisses

Pour 2 personnes

6 tranches de ficelle de campagne,
100 g de boudin noir,
50 g d'époisses

Couper la ficelle en tranches de 5 mm d'épaisseur et les toaster d'un seul côté.
Retirer la peau du boudin noir, écraser à la fourchette, puis le tartiner sur les tranches de pain.
Mettre l'époisses dans une poche munie d'une douille cannelée et former des petites rosaces sur le boudin noir au centre des tartines.

Tartine de camembert et confiture de fraises

Pour 1 personne

2/8 de camembert,
1 tranche de pain de campagne,
1 cuillère à soupe de confiture de fraises

Couper le camembert en tranches, le placer sur la tranche de pain et napper de confiture de fraises.

Trio de bouchées fromagères

Pour 4 personnes

100 g de saint-paulin,
2 tranches de pain de campagne,
16 morceaux d'ananas frais,
100 g de morbier,
32 grains de raisin chasselas,
100 g de tomme de Savoie,
32 rondelles de bananes (2 bananes),
1/2 citron

Retirer la croûte du saint-paulin. Le tailler en lamelles.
Griller le pain.
Éplucher l'ananas et le détailler en morceaux.
Placer les lamelles de saint-paulin sur le pain grillé, puis couper en petites bouchées. Placer les morceaux d'ananas.
Déguster.

Retirer la croûte du morbier. Le tailler en cubes.
Laver le raisin, détacher les grains (possibilité de l'épépiner).
Sur un pique-bois, placer au milieu le cube de morbier et ajouter les grains de raisin aux deux extrémités.
Déguster.

Retirer la croûte de la tomme. La tailler en cubes.
Éplucher les bananes, les couper en rondelles assez épaisses, les citronner.
Sur un pique-bois, placer au milieu le cube de tomme et ajouter les rondelles de banane aux deux extrémités.
Déguster.

Tartine de saint-marcellin rôti au lard

Pour 2 personnes

**1 saint-marcellin,
10 cl de crème fraîche épaisse,
2 tranches de lard fumé,
1/4 de pomme verte,
2 endives,
1 cuillère à soupe de vinaigre de xérès,
3 cuillères à soupe d'huile de noix,
sel, poivre, *pm,
1/2 citron,
2 tranches de pain de campagne**

Préchauffer le four à 210 °C (th. 7-8) en position grill.
Mélanger dans un saladier la crème fraîche, le sel et le poivre.
Étaler sur les tartines la crème fraîche, couper le saint-marcellin (très peu affiné) en tranches fines.
Le disposer sur les tartines, ajouter le lard fumé puis passer sous le grill quelques minutes.
Éplucher les endives, les laver, les citronner. Après les avoir émincées en julienne, réserver.
Éplucher la pomme, la citronner, la couper en tranches fines.
Préparer la vinaigrette.
Dresser un lit de julienne d'endives assaisonnées, positionner la tartine préalablement coupée en deux et terminer par les pommes.

Entrées

Salade à la tomme des Bauges

Pour 4 personnes

**100 g de salade mélangée,
8 tomates cerise,
10 g de beurre,
2 petits oignons,
12 tranches de viande des Grisons,
80 g de tomme des Bauges,
3 cuillères à soupe de pignons de pin,
1 cuillère à soupe de vinaigre de vin,
2 cuillères à soupe d'huile de noisette,
1 cuillère à soupe d'huile d'arachide,
poivre, sel, *pm,
1/2 cuillère à soupe de sucre semoule**

Laver la salade, l'essorer, préparer la vinaigrette en mélangeant le vinaigre, le sel, le poivre puis les huiles, émulsionner l'ensemble au fouet.
Laver les tomates cerise, les essuyer et les couper en deux.

Éplucher les oignons, les couper en fines rondelles, faire chauffer le beurre dans une poêle jusqu'à ce qu'il devienne mousseux. Ajouter les rondelles d'oignons et les cuire rapidement à feu vif, les saupoudrer de sucre semoule, jusqu'à l'obtention d'une belle coloration. Les égoutter sur du papier absorbant.
Retirer la croûte de la tomme et couper de fines lamelles.
Chauffer une poêle antiadhésive, faire colorer légèrement les pignons.
Répartir la salade sur assiettes, napper de vinaigrette, répartir les oignons, les pignons, la tomme, les tomates et ajouter les tranches de viande des Grisons.

Mousse de saint-marcellin aux pignons

Pour 4 personnes

8 mini-craquelins,
1 saint-marcellin,
1 cuillère à soupe de crème épaisse,
1 cuillère à café d'huile de noix,
poivre, *pm, pignons de pin, *pm

Choisir un saint-marcellin assez affiné, l'écraser à la fourchette et le mélanger avec la crème fraîche, l'huile de noix, l'assaisonnement.
Griller à sec les pignons de pins à la poêle ou au four.
Déposer avec une poche à douille cannelée la farce au saint-marcellin dans les mini-craquelins et placer sur le dessus quelques pignons de pin grillés.

Gratin iseran au saint-marcellin

Pour 4 personnes

600 g de pommes de terre,
2 x 100 g d'oignons,
150 g de lardons,
2 saint-marcellin,
50 g de beurre,
poivre, sel, *pm

Mettre les lardons dans une casserole. Recouvrir d'eau froide et porter à ébullition pendant 2 min. Égoutter et rincer à l'eau froide.
Éplucher, laver, couper en rondelles les pommes de terre, faire chauffer le beurre (30 g) dans une poêle, ajouter les pommes de terre et les cuire jusqu'à l'obtention d'une coloration blonde, débarrasser dans un plat.
Faire revenir les oignons dans 10 g de beurre pendant 10 min et ajouter les lardons blanchis.
Poursuivre la cuisson sans dessécher.
Couper les saint-marcellin en lamelles et préchauffer le four à 180 °C (th. 6-7).
Répartir dans un plat creux une couche de pommes de terre, les lamelles d'oignons et lardons.
Ajouter le saint-marcellin. Renouveler l'opération une à deux fois suivant la taille du plat.
Mettre au four pendant 15 min et faire gratiner légèrement.

Conseil
Utiliser du saint-marcellin semi-affiné.
Prendre un plat pas trop profond pour pouvoir obtenir un gratin moelleux.

Fondant de saint-marcellin, salade d'herbes

Pour 4 personnes

**3 x 100 g de saint-marcellin,
15 cl de crème fraîche liquide,
1 œuf, 2 jaunes d'œufs,
15 g de beurre,
60 g de salade mélangée,
2 cuillères à soupe de persil équeuté,
2 cuillères à soupe de ciboulette,
2 cuillères à soupe de cerfeuil,
1 échalote,
1 cuillère à soupe de vinaigre de xérès,
3 cuillères à soupe d'huile de noix,
12 cerneaux de noix,
sel, poivre du moulin, *pm,
muscade, *pm**

Préchauffer le four à 160 °C (th. 5).
Ecraser à la fourchette le saint-marcellin dans un saladier, le mélanger avec la crème, l'œuf et les jaunes, assaisonner de sel, poivre et muscade.
Faire fondre 15 g de beurre et beurrer les ramequins à l'aide d'un pinceau.
Remplir ces derniers, puis les mettre dans un plat creux, ajouter de l'eau chaude à mi-hauteur et cuire au bain-marie au four 35 min à 160 °C.
Laver les herbes, équeuter le persil et le cerfeuil, couper grossièrement la ciboulette.
Laver et essorer les salades mélangées, mettre le vinaigre dans un bol, ajouter le sel et le poivre, mélanger puis incorporer l'huile de noix en l'émulsionnant à l'aide d'un petit fouet.
Démouler sur assiette le fondant tiède, mélanger les salades et les herbes, les assaisonner de vinaigrette et les placer autour du fondant, ajouter les cerneaux de noix.

Conseil
Choisir des saint-marcellin semi-affinés.
Taille des ramequins : Ø intérieur 8 cm et hauteur 4 cm.

Croustillant de livarot, jambon cru et pommes acidulées

Pour 4 personnes

4 feuilles de brick,
200 g de livarot,
4 tranches de jambon cru fumé,
1 pomme reinette armorique,
15 g + 15 g de beurre,
15 g de farine,
20 cl de lait,
2 jaunes d'œufs, sel, poivre, *pm,
muscade, *pm

Faire le roux blanc (farine + beurre), le laisser refroidir, porter le lait à ébullition, ajouter le lait sur le roux refroidi et remettre à cuire jusqu'à la reprise de l'ébullition tout en mélangeant bien.
Assaisonner et refroidir rapidement la béchamel.
Couper les quatre tranches de jambon fumé en deux dans le sens de la longueur ainsi que le livarot en huit tranches.
Couper les feuilles de brick en deux, les badigeonner de beurre fondu puis monter le croustillant, en superposant le jambon, le livarot, la béchamel et la pomme.
Renouveler l'opération, rouler et refermer en prenant soin de bien rabattre les côtés.
Cuire à feu doux pour colorer les bricks dans une poêle antiadhésive 2 à 3 min de chaque côté.
Accompagner d'une salade panachée.

Conseil
Pour obtenir une béchamel sans grumeaux, utiliser votre roux refroidi et votre liquide chaud ou inversement.

Gaperon pané aux amandes et noisettes

Pour 4 personnes

4 tranches de gaperon,
1 œuf,
50 g de poudre d'amandes,
50 g de poudre de noisettes,
80 g de salade panachée,
4 tranches de jambon cru d'Auvergne,
3 cuillères à soupe d'huile de noisette,
1 cuillère à soupe de vinaigre balsamique,
sel, poivre, *pm

Couper quatre tranches de 1 cm d'épaisseur de gaperon. Casser un œuf, assaisonner de sel et de poivre, le battre en omelette.
Passer les tranches de gaperon dans l'œuf battu, puis dans la poudre de noisettes et d'amandes.
Mettre dans une plaque à four légèrement beurrée. Allumer le four en position gril.
Placer le gaperon pané sous le gril du four 2 min 30 de chaque côté (en prenant soin de le retourner délicatement).
Dans un bol, mettre le vinaigre, le sel et le poivre. Mélanger, ajouter l'huile de noisette, émulsionner à l'aide d'un petit fouet.
Placer au centre de l'assiette la salade assaisonnée de vinaigrette. Disposer le fromage sur le dessus, puis ajouter la tranche de jambon coupée en trois ou en quatre morceaux.
Napper légèrement de vinaigrette la tranche de fromage gratinée.

Conseil
Choisissez un gaperon assez sec. Vous pouvez le cuire dans une poêle antiadhésive sans matière grasse 3 à 4 min à feu doux. Le retirer juste quand il commence à devenir moelleux.

Aumônières vapeur aux herbes du potager et sauce coulommiers

Pour 4 personnes

4 feuilles de riz (épicerie asiatique)

Sauce
100 g de coulommiers,
25 cl de crème liquide,
sel, poivre, *pm

Farce
1 échalote,
3 cl d'huile d'olive,
1 gousse d'ail,
thym, *pm,
8 cuillères à soupe de fines herbes (ciboulette, estragon, cerfeuil, persil),
1 cuillère à café de moutarde à l'ancienne,
sel, poivre, *pm,
muscade, *pm,
4 brins de ciboulette

Éplucher l'échalote, la ciseler. Préparer les herbes : les laver et les hacher. Éplucher, dégermer et hacher l'ail.
Faire revenir l'échalote et l'ail dans l'huile d'olive, ajouter les herbes. Assaisonner.
Terminer par la moutarde à l'ancienne. Laisser refroidir.
Humidifier les feuilles de riz sur un torchon mouillé et replié pendant quelques minutes. Puis disposer la farce d'herbes au milieu.
Former les aumônières et lier avec un brin de ciboulette.
Couper le fromage en petits morceaux et les faire fondre dans la crème fraîche. Terminer par la ciboulette ciselée.
Verser de l'eau dans la partie basse du cuit-vapeur.
Disposer les aumônières dans la partie supérieure du cuit-vapeur et cuire pendant 5 min. Les égoutter.
Dresser dans une assiette creuse, napper de sauce au fromage.
Décorer avec la ciboulette.

Camembert frit

Pour 4 personnes

**1 camembert,
150 g de mesclun (salade panachée,
2 œufs,
1 cuillère à soupe de vinaigre de vin,
3 cuillères à soupe d'huile d'olive,
4 cuillères à soupe de chapelure,
4 cuillères à soupe de farine,
sel, poivre, *pm,
huile pour friture**

Battre les œufs.
Découper le camembert en plusieurs parts (deux par personne).
Rouler ces morceaux de tous les côtés dans la farine, les œufs battus et la chapelure.
Préparer le mesclun et l'assaisonner avec une vinaigrette.
Faire chauffer l'huile.
Y déposer alors les morceaux de camembert panés et les faire dorer de tous les côtés pendant 15 à 20 secondes ; attention, ils ne doivent pas noircir, éponger sur papier absorbant.
Servir sur le mesclun.

Gratin de pommes de terre au camembert

Pour 4 personnes

1/2 camembert,
1 kg de pommes de terre,
20 cl de crème liquide,
30 cl de lait,
sel, poivre, *pm

Eplucher les pommes de terre et les couper en rondelles très fines. Ensuite, les ranger dans un plat à gratin.
Mettre le lait à chauffer, ajouter la crème et le camembert préalablement coupé en tranches fines, et mixer le tout.
Assaisonner et verser sur les pommes de terre.
Mettre au four 150 °C (th. 5) pendant 50 min et servir aussitôt.

Papillote de poireaux au chèvre cendré

Pour 4 personnes

4 poireaux,
1 échalote,
20 g de beurre,
100 g de selles-sur-cher,
4 tomates confites,
sel, poivre, *pm

Laver, éplucher et émincer les poireaux (utiliser le blanc et une partie du vert).
Faire chauffer le beurre dans une poêle, ajouter les poireaux et cuire 5 min environ.
Préparer quatre feuilles d'aluminium et répartir les poireaux étuvés, quelques lanières de tomates confites, assaisonner et disposer dessus une tranche de chèvre.
Faire bouillir 50 cl d'eau dans le fond du cuit-vapeur.
Fermer les papillotes et les cuire 5 min au cuit-vapeur.
Avec une paire de ciseaux, ouvrir la papillote en croix (attention à la vapeur brûlante).
Servir.

Têtes de champignons farcis au roquefort

Pour 4 personnes

16 gros champignons de Paris,
1 échalote,
2 tomates,
15 g de beurre,
90 g de crème fraîche,
60 g de roquefort,
2 cuillères à soupe de chapelure

Préchauffer le four à 180 °C (th. 5-6).
Éplucher et hacher finement l'échalote.
Équeuter et laver les champignons. Les essuyer avec du papier absorbant.
À l'aide d'une cuillère à café, évider les champignons, hacher finement les pieds et l'intérieur.
Faire fondre le beurre, ajouter l'échalote, cuire 2 min sans coloration et incorporer le hachis de champignons, poursuivre la cuisson jusqu'à l'évaporation de l'eau de végétation des champignons. Assaisonner.
Mettre de l'eau dans le cuit-vapeur (75 cl), porter à ébullition et cuire les têtes de champignons 10 min. Les retirer et mettre sur papier absorbant.
Écraser finement le roquefort à l'aide d'une fourchette.
Le mélanger avec la crème fraîche, puis ajouter le hachis de champignons et assaisonner.
Remplir les champignons évidés de crème au roquefort, les mettre dans un plat à four, saupoudrer de chapelure, puis enfourner 15 à 20 min.

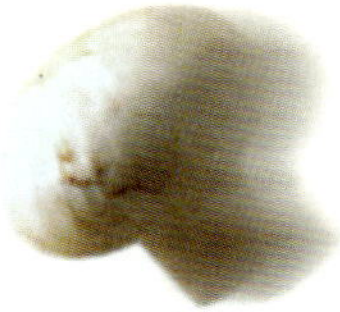

Tartare de Saint-Jacques et Ossau Iraty

Pour 2 personnes

100 g de noix de Saint-Jacques, 80 g d'Ossau Iraty, sel, poivre, *pm, baies roses, *pm, ciboulette, *pm, huile de noix, *pm, vinaigre balsamique, *pm

Couper les noix de Saint-Jacques en petits cubes, assaisonner avec le sel, le poivre et les baies roses.
Couper le fromage en petits dés et les mélanger aux Saint-Jacques.
Incorporer deux cuillerées à café de vinaigre balsamique et couvrir d'huile de noix pour faire une marinade.
Ajouter quelques brins de ciboulette et réserver au froid pendant 1 à 2 h.
Servir bien frais accompagné de toasts ou de mini-craquelins.

Velouté de potiron à la fourme de Montbrison

Pour 4 personnes

800 g de potiron, 1 gros oignon, 40 g de beurre, 30 g de farine, 120 g de fourme de Montbrison, 20 cl de crème liquide, 2 tranches de pain grillé, 1 pincée de gros sel, 1 pincée de poivre, 4 de muscade, 20 cl d'eau

Retirer la peau du potiron, les filaments et les graines. Couper la chair en petits morceaux, éplucher et couper l'oignon en fines lamelles.
Faire fondre le beurre et ajouter l'oignon.
Cuire à feu doux, verser la farine dessus, mélanger hors du feu.
Adjoindre le potiron et le cuire 3 à 4 min.
Verser 20 cl d'eau et une pincée de gros sel.
Couvrir et laisser cuire 20 min à feu doux.
Passer le potiron au moulin à légumes, incorporer la crème, le poivre et la muscade.
Donner une ébullition, vérifier l'assaisonnement.
Répartir le potage dans les assiettes chaudes, ajouter les petits cubes de fourme et quelques croûtons de pain grillé.

Salade de pintade aux fruits secs, vinaigrette fromagère au chaource

Pour 4 personnes

1 pintade fermière de 1,4 kg,
30 g de beurre,
15 cl de Noilly Prat ou martini blanc,
1/2 oignon, 1/2 carotte,
60 g de salade panachée,
1/2 cuillère à soupe de noisettes,
1/2 cuillère à soupe d'amandes,
1/2 cuillère à soupe de raisins,
8 tomates cerise,
8 brins de ciboulette

Vinaigrette fromagère
50 g de chaource,
4 cl (2 cuil. à s.) de vinaigre de vin,
10 cl (5 cuil. à s.) d'huile d'olive,
8 cl (4 cuil. à s.) de crème liquide,
1 pincée de sel,
1 pincée de poivre,
2 à 3 cuillères à soupe d'eau

Faire découper la volaille par votre boucher ou volailler (réserver les cuisses pour une autre préparation).
Assaisonner les suprêmes de pintade (blancs), les faire revenir dans le beurre côté peau, à feu moyen. Les retirer et laisser reposer 5 min.
Éplucher les légumes, les tailler en petits cubes. Les faire revenir dans le beurre 2 à 3 min sans coloration, puis ajouter le Noilly Prat et décoller les sucs en grattant le fond du récipient à l'aide d'une spatule.
Remettre les suprêmes, ajouter 10 cl d'eau et cuire à couvert à feu doux 10 à 15 min.
Passer le jus de cuisson à travers une passoire fine, le faire réduire de moitié.
Mettre le chaource dans le robot-mixeur, ajouter l'huile, le vinaigre, l'assaisonnement et mixer. Détendre avec l'eau puis la crème et émulsionner l'ensemble. Vérifier l'assaisonnement.
Hacher grossièrement les noisettes et les amandes.
Découper la pintade en tranches fines. Placer la salade au centre de l'assiette, préalablement assaisonnée de vinaigrette. Ajouter les fruits secs, les tranches de pintade.
Napper avec le jus réduit et terminer par un cordon de vinaigrette. Décorer avec les tomates cerise et quelques brins de ciboulette ou de persil plat.

Conseil
Cette recette peut être réalisée avec un magret de canard.

Tomates grappe farcies au chaource et lardons

Pour 4 personnes

4 tomates grappe,
250 g de lardons,
1 gros oignon,
150 g de chaource,
20 g de beurre,
60 g de salade panachée,
2 cuillères à soupe de vinaigre de vin,
6 cuillères à soupe d'huile d'olive,
1 pincée de sel,
1 pincée de poivre

Laver les tomates, couper le chapeau de la tomate côté pédoncule.
Vider la pulpe à l'aide d'une petite cuillère, les saler et les retourner sur une assiette (dégorger).
Éplucher l'oignon, le hacher finement et le faire revenir dans le beurre.
Ajouter la pulpe de tomate, cuire jusqu'à évaporation, assaisonner.
Faire revenir les lardons sans les dessécher.
Mixer finement l'oignon et la moitié des lardons (garder le reste pour la présentation).
Couper le chaource en tranches assez fines.
Garnir le fond des tomates d'une demi-tranche de chaource, poivrer, puis recouvrir avec la farce aux oignons et lardons. Terminer par le chaource, remettre le chapeau, mettre dans un plat à four et arroser d'un filet d'huile d'olive.
Mettre au four préalablement préchauffé à 180 °C (th. 6) pendant 15 à 20 min.
Mettre le vinaigre, le sel et le poivre, puis l'huile, émulsionner à l'aide d'une fourchette.
Faire revenir le reste de lardons dans le beurre.
Placer dans l'assiette la salade assaisonnée, ajouter les lardons, puis les tomates farcies.

Rosace de melon, duo de parmesan et magrets fumés

Pour 2 personnes

**1/2 melon,
8 tranches de magrets fumés,
1 cuillère à soupe de pignons de pin,
15 à 20 g de parmesan,
50 g de salade panachée,
4 tomates cerise,
1/2 cuillère à soupe de vinaigre de xérès,
1 cuillère à soupe d'huile de noix,
1 cuillère à soupe d'huile d'arachide,
sel, poivre, *pm**

Éplucher le melon comme une pomme. L'évider et le détailler en tranches.
Réaliser la vinaigrette, mettre dans un bol le vinaigre, le sel et le poivre.
Ajouter les huiles et émulsionner à l'aide d'une fourchette.
Détailler des copeaux de parmesan à l'aide d'un économe.
Griller à sec les pignons de pin dans une poêle.
Assaisonner la salade de vinaigrette, la placer en dôme au centre de l'assiette, répartir les magrets, les pignons, le parmesan et les tomates.

Croustillant de saumon mariné au sainte-maure

Pour 4 personnes

2 feuilles de brick, **120 g de saumon frais,** **4 rondelles de sainte-maure,** **20 g de beurre (clarifié),** **60 g de mesclun,** **1 cuillère à soupe de ciboulette,** **10 cl de crème liquide,** **2 cuillères à café de vinaigre de xérès,** **8 tomates cerise,** **sel, poivre, *pm**	**Marinade** **1 citron,** **5 cl d'huile d'olive,** **sel, poivre, *pm,** **coriandre, *pm** **Vinaigrette** **1 cuillère à soupe de vinaigre balsamique,** **2 cuillères à soupe d'huile d'olive,** **1 cuillère à soupe d'huile de tournesol,** **sel, *pm, poivre, *pm**

Clarifier le beurre. Préchauffer le four à 200 °C.
Laver le mesclun, l'essorer ; désarêter le saumon, l'émincer en petites tranches fines, et le mettre en marinade 45 min (citron + huile d'olive, sel, poivre et coriandre).
Couper les tranches de sainte-maure.
Partager les feuilles de brick en deux, les badigeonner de beurre clarifié à l'aide d'un pinceau.
Répartir au centre les lanières de saumon, ajouter le chèvre, parsemer de ciboulette, poivrer, refermer la feuille de brick, badigeonner à nouveau de beurre sur le dessus. Plaquer.
Assaisonner. Mettre en cuisson les croustillants 5 min environ.
Dresser le mesclun sur assiette, napper d'un cordon de vinaigrette.
Placer au centre le croustillant, décorer avec les tomates cerise.

Méli-mélo de poissons fumés, bavarois de fromage frais acidulé

Pour 4 personnes

**1 saumon fumé,
1 flétan fumé,
1 lieu fumé,
15 cl + 1 cuillère à soupe de crème liquide,
200 g de fromage blanc,
2 feuilles de gélatine,
1 cuillère à soupe de ciboulette,
tomates cerises, *pm,
salade, *pm,
1 cuillère à soupe de citron,
sel, poivre, *pm**

Ramollir la gélatine dans l'eau froide, puis la faire fondre dans la crème tiède.
Ajouter la ciboulette, le jus de citron, assaisonner.
Ajouter cette préparation au fromage blanc.
Monter la crème en chantilly, l'incorporer dans le fromage blanc de campagne égoutté et battu.
Mouler dans des ramequins individuels, mettre au frais 1 h au minimum.
Lorsque le bavarois est pris, dérouler au milieu de l'assiette.
Décorer avec de la salade, des tomates cerise et ajouter les poissons fumés, puis coupés en lanières. Servir avec un pain de campagne grillé.

Matefaim au roquefort

Pour 2 personnes

**65 g de farine,
2 petits œufs,
1/2 verre de lait entier,
40 g de beurre,
50 g de roquefort,
1 à 2 cuillères à soupe de crème fraîche,
muscade, *pm
sel, poivre, *pm**

Verser la farine tamisée en fontaine dans un récipient creux.
Battre les œufs en omelette, assaisonner de sel, poivre et muscade.
Verser les œufs dans la farine et incorporer progressivement, mélanger toujours dans le même sens.
Délayer en versant le lait doucement, lisser la pâte.
Faire fondre 30 g de beurre, l'incorporer à la pâte.
Chauffer le reste du beurre dans une poêle, verser la pâte, faire cuire 5 min sans trop colorer les bords.
Retourner le matefaim avec une assiette et cuire à nouveau 5 min.
Faire fondre le roquefort écrasé avec la crème.
Beurrer une plaque allant au four, disposer le matefaim, napper de roquefort et faire gratiner quelques minutes.

Feuilleté au bresse bleu

Pour 4 personnes

500 g de pâte feuilletée,
200 g de bresse bleu,
1 œuf + 1 jaune d'œuf,
1 cuillère à café de crème fraîche,
1 cuillère à soupe de ciboulette ciselée,
poivre blanc, *pm

Préchauffer le four à 240 °C (th. 8).
Écraser le fromage persillé (type bresse bleu) à la fourchette, incorporer la crème fraîche, l'œuf entier et la ciboulette. Poivrer.
Bien mélanger pour que la pâte soit homogène.
Diviser la pâte feuilletée en deux, abaisser chaque morceau de façon à obtenir deux rectangles de 20 cm sur 25 cm.
Déposer un rectangle de pâte sur la plaque du four humidifiée, étaler dessus la farce en ayant soin de réserver une bande de 2,5 cm de largeur tout autour.
Délayer le jaune d'œuf dans deux cuillerées à soupe d'eau. Badigeonner le pourtour de la pâte à l'aide d'un pinceau.
Couvrir avec le second rectangle de pâte. Bien souder le pourtour en pressant du bout des doigts. Avec la pointe du couteau, graver des motifs décoratifs à la surface du feuilleté, selon votre goût, et dorer le tout au jaune d'œuf.
Faire cuire le feuilleté au four pendant 15 min. Il doit être bien levé et doré. Le servir chaud avec une salade verte.

Œufs cocotte au maroilles

Pour 4 personnes

8 œufs,
200 g de maroilles,
50 g de beurre,
10 cl de bière du Nord,
200 g de champignons de Paris,
1 échalote, 1 oignon,
50 g de beurre,
1 botte de ciboulette,
sel, poivre, *pm

Éliminer la partie sableuse des pieds des champignons de Paris. Les laver soigneusement en les brassant délicatement.
Les égoutter, les émincer en fines lamelles, puis les détailler en petits dés réguliers.
Dans une casserole, faire fondre le beurre, ajouter l'oignon et l'échalote émincés. Lorsque les aromates sont translucides, incorporer les dés de champignons.
Assaisonner et laisser cuire jusqu'à ce que les champignons rendent leur eau de végétation.
Écroûter le maroilles, le détailler en cubes et réserver quatre tranches.
Verser la bière dans une casserole, la porter à ébullition.
Ajouter les dés de maroilles et mélanger jusqu'à obtention d'une préparation fondante.
Beurrer et assaisonner les ramequins. Couper les tranches de maroilles en petits dés. Les disposer au fond des ramequins.
Ajouter deux cuillerées à soupe de duxelle de champignons et mélanger.
Préchauffer le four à 160 °C (th. 5), casser les œufs et les déposer délicatement dans chaque ramequin.
Enfourner et faire cuire 5 à 6 min au bain-marie.
Sortir les ramequins du four, les disposer sur assiettes.
Recouvrir le dessus des œufs de fondue de maroilles et saupoudrer de ciboulette ciselée.

Salade de crevettes à l'abondance aux deux radis

Pour 2 personnes

50 g de salade mélangée, **8 crevettes roses,** **6 radis roses,** **20 g de radis noir,** **50 g d'abondance**	**Vinaigrette** **1/2 cuillère à soupe de vinaigre balsamique,** **3 cuillères à soupe d'huile de noisette,** **1 cuillère à soupe de ciboulette,** **1 cuillère à soupe de crème liquide,** **sel, poivre, *pm**

Laver les salades, décortiquer les crevettes et tailler l'abondance en lamelles.
Réserver au frais.
Retirer les fanes des radis roses et la racine, laver et réserver.
Éplucher le radis noir, le laver et le tailler en julienne.
Mettre dans un saladier le vinaigre balsamique, ajouter le sel, le poivre puis émulsionner avec l'huile de noisette et ajouter la crème liquide et la ciboulette.
Dresser sur assiette.

Craquant à l'emmental

Pour 4 personnes

30 g de farine, **1 blanc d'œuf,** **1 pincée de sel,**	**25 g de beurre,** **50 g d'emmental**

Mélanger la farine avec le blanc d'œuf et une pincée de sel, le fromage râpé et incorporer le beurre fondu. Mélanger l'ensemble. Réserver.
Déposer sur une plaque de four des petites cuillerées de pâte à croustillant, avec le dos d'une cuillère mouillée étaler en disques fins de 8 cm de diamètre environ.
Cuire au four juste le temps de dorer les croustillants.

Gaspacho au chèvre frais

Pour 4 personnes

600 g de tomates bien mûres,
1 petit poivron rouge,
1 petit poivron jaune,
1/2 concombre,
1 oignon,
1/2 botte d'oignons nouveaux,
2 gousses d'ail,
1/4 de botte de basilic,
4 cuillères à soupe d'huile d'olive,
2 cuillères à soupe de vinaigre de xérès,
2 cuillères à soupe d'olives noires hachées,
100 g de chèvre frais type Petit Billy,
1 tranche de pain de mie,
tabasco, *pm,
sel, poivre, *pm

Laver les légumes, les couper en morceaux (réserver une demi-tomate, un demi-poivron rouge et un demi-poivron jaune, un quart de concombre et deux petits oignons).
Mixer l'ensemble, ajouter le pain de mie, mixer à nouveau.
Détailler en petits dés réguliers la tomate, le poivron et le concombre restants ainsi que les petits oignons et réserver au frais.
Reprendre la soupe, ajouter le sel, le poivre, le piment (selon votre goût), le vinaigre et l'huile d'olive en filet et bien émulsionner, puis réserver au frais 1 h.
Former des petites boulettes avec le chèvre frais (type Petit Billy) en les roulant entre vos mains, puis les passer dans le hachis d'olives noires (ou vertes).
Dresser en assiette creuse le gaspacho en répartissant le chèvre, les feuilles de basilic et les petits dés de légumes à part.
Servir très frais.

Rouleau du pays gallo, au Boursin ail et fines herbes

Pour 3 personnes

**1 galette de blé noir,
1 boîte de 150 g de thon à l'huile égoutté,
10 cl de crème fraîche,
80 g de Boursin ail et fines herbes,
60 g de mesclun,
8 tomates cerise,
1 cuillère à soupe de vinaigre balsamique,
3 cuillères à soupe d'huile d'olive,
1/2 cuillère à soupe de ciboulette**

Égoutter le thon. Laver le mesclun et les tomates cerise.
Réaliser la vinaigrette.
Écraser le fromage à la fourchette ou le mixer.
Ajouter la crème fraîche, puis le thon, la ciboulette. Mélanger et assaisonner.
Mettre la galette sur le plan de travail, répartir la mousse et rouler en forme de rouleau. Recouvrir de papier film et serrer les extrémités.
Mettre au frais 1 h.
Dresser sur assiette le mesclun assaisonné et le rouleau coupé en petites tranches.

Parfait Le Rustique et carpaccio de betterave

Pour 2 personnes

1 camembert Le Rustique,
200 g de crème fraîche,
500 g de betteraves,
100 g de crème liquide,
1 jus de citron,
1 cuillère à soupe de vinaigre, cumin, *pm,
sel, poivre, *pm

Vinaigrette
4 cuillères à soupe de vinaigre de vin,
4 cuillères à soupe d'huile,
1 oignon découpé en dés,
sel, poivre,
1 cuillère à café de sucre,
raifort frais,
herbes fraîches

Émietter le camembert et mélanger avec la crème fraîche. Ajouter le sel, le poivre et le jus de citron. Incorporer délicatement la crème montée en soulevant bien la masse.
Conserver au froid.
Faire cuire la betterave 10 à 15 min dans l'eau au cumin, laisser refroidir et la peler.
Découper en tranches fines et laisser dégorger dans la vinaigrette.

Surprise de saumon au Cantadou

Pour 4 personnes

400 g de saumon frais (filet),
10 cl d'huile d'olive,
2 citrons,
160 g de Cantadou,
1 cuillère à soupe de crème épaisse,
1 cuillère à soupe de ciboulette,
1 cuillère à soupe d'aneth,
sel, poivre, *pm,
papier film,*pm, piques en bois

Désarêter le saumon, le trancher en fines escalopes, assaisonner avec sel et poivre, badigeonner de marinade (huile d'olive + citron), laisser 15 min au frais.
Écraser à la fourchette le Cantadou, laver et ciseler les herbes, ajouter de la crème fraîche, mélanger bien l'ensemble et assaisonner.
Étaler le papier film sur le plan de travail, y déposer les escalopes de saumon mariné, répartir la farce sur le milieu de l'escalope, puis rouler en forme de boudin et bien serrer les deux extrémités. Réserver au frais 1 h.
Couper en tronçons de 2 cm, ajouter les piques en bois.
Dresser sur un plat en harmonisant les couleurs.

Cocos de Paimpol au Petit Breton

Pour 2 personnes

200 g de cocos de Paimpol,
1 oignon,
1 carotte,
1 clou de girofle,
1 bouquet garni,
gros sel, *pm,
80 g de Petit Breton,
4 gousses d'ail,
10 cl de crème épaisse,
1/4 de botte de coriandre,
1/2 cuillère à soupe de vinaigre de cidre,
50 g de mesclun,
sel, poivre, *pm

Faire tremper la veille les cocos.
Mettre en cuisson les cocos, départ eau froide, ajouter la garniture aromatique (oignon piqué d'un clou de girofle, une carotte coupée en deux et le bouquet garni).
Cuire 45 min, saler au gros sel 10 min avant la fin de cuisson.
Écroûter le fromage et le tailler en cubes.
Éplucher, dégermer l'ail, blanchir les gousses.
Mélanger la crème fraîche avec l'ail blanchi haché et la coriandre ciselée, ajouter le vinaigre de cidre.
Assaisonner les cocos, ajouter les cubes de fromage et bien mélanger.
Dresser sur assiette.

Conseil
Comme il est difficile de cuire moins de haricots, garder la seconde moitié pour une autre salade.

Dodine de saumon fumé au fromage blanc et agrumes

Pour 2 personnes

**5 tranches de saumon fumé,
60 g de crevettes,
1 pamplemousse + 5 cl
de jus de pamplemousse,
1 orange, 1/2 citron,
1 cuillère à soupe
de fromage blanc,
1/2 yaourt nature,
2 cuillères à soupe de ciboulette,
pluches de cerfeuil,
1 cuillère à café de curry,
3 cl d'huile d'olive,
1 cuillère à café de moutarde
à l'estragon,
30 g de mesclun (salade panachée),
sel, poivre, *pm**

Laver la ciboulette (en réserver quelques brins) et la ciseler.
Peler à vif le pamplemousse et l'orange, réserver le jus.
Étaler quatre tranches de saumon fumé sur quatre feuilles de papier film alimentaire, hacher finement la cinqième tranche et la mélanger avec les crevettes préalablement décortiquées et hachées, ajouter le fromage blanc, une cuillerée à soupe de ciboulette et une demi-cuillerée à café de curry, assaisonner. Puis incorporer le jus de citron.
Mélanger le yaourt, le restant de ciboulette, le curry, la moutarde, le sel, le poivre et le jus de pamplemousse.
Réserver au frais.
Laver la salade et l'essorer. Disposer les tranches de saumon en forme de corolle, les placer sur un lit de mesclun, ce qui facilitera le maintien.
Ajouter la sauce à l'intérieur, entourer des quartiers de pamplemousse et d'orange ainsi que du mesclun.
Assaisonner avec la sauce au yaourt, parsemer de pluches de cerfeuil.
Dresser un cordon de sauce autour des dodines.

Œufs pochés au bleu d'Auvergne

Pour 2 personnes

2 œufs,
2 tranches de pain de campagne,
25 g de bleu d'Auvergne,
20 g de crème,
1/2 jambon cru,
vinaigre blanc, *pm,
1/2 tomate,
1 laitue

Faire griller les tranches de pain, les recouvrir de jambon découenné.
Pocher les œufs 3 min dans l'eau vinaigrée frémissante.
Égoutter sur du papier absorbant, ils doivent être mollets.
En retirer les filaments qui dépassent.
Faire fondre le bleu avec la crème, réduire à la nappe.
Poser les œufs sur les tartines recouvertes de jambon et napper de sauce au bleu.
Passer au gril quelques minutes.
Servir sur assiette entourée d'une chiffonnade de laitue et de quelques tranches de tomate.

Raviolis aux herbes du potager et coulommiers

Pour 4 personnes

Pâte
300 g de farine,
1 œuf + 2 jaunes d'œufs,
1 cuillère à café de sel,
2 cuillères à soupe d'huile d'olive,
4 cuillères et demie à soupe d'eau

Farce
1 échalote,
3 cl d'huile d'olive,
1 gousse d'ail,
thym, *pm,
8 cuillères à soupe de fines herbes (ciboulette, estragon, cerfeuil, persil),
1 cuillère à café de moutarde à l'ancienne,
sel, poivre, *pm,
muscade, *pm

Sauce
100 g de coulommiers,
25 cl de crème liquide,
sel, poivre, *pm

Mélanger la farine et le sel, ajouter les œufs, l'huile et l'eau. Pétrir jusqu'à ce que la pâte présente une belle homogénéité. Laisser reposer au frais 1 h.
Éplucher l'échalote, la ciseler.
Préparer les herbes : les laver et les hacher. Éplucher, dégermer et hacher l'ail.
Faire revenir l'échalote et l'ail dans l'huile d'olive, ajouter les herbes. Assaisonner. Terminer par la moutarde à l'ancienne. Laisser refroidir.
Abaisser la pâte le plus finement possible.
Définir la taille des raviolis, disposer la farce d'herbes au milieu.
Humidifier le pourtour de la pâte à l'aide d'un pinceau. Recouvrir avec la seconde abaisse.
Pincer les bords et découper les raviolis à l'aide de la roulette.
Couper le fromage en petits morceaux et les faire fondre dans la crème fraîche. Terminer par la ciboulette ciselée.
Cuire les raviolis dans l'eau bouillante salée et huilée pendant 5 à 6 min environ. Les égoutter.
Dresser dans une assiette creuse, napper de sauce au fromage. Décorer avec la ciboulette.

Timbale de macaronis au beaufort

Pour 2 personnes

125 g de talon de jambon,
125 g de macaronis,
2 œufs,
2 beurre,
80 g de champignons,
80 g de beaufort

Cuire les champignons jusqu'à évaporation de leur eau de végétation.
Faire cuire les macaronis dans de l'eau bouillante salée, ajouter une cuillerée d'huile. La cuisson doit être al dente.
Hacher le jambon, le fromage, les champignons, ajouter les jaunes d'œufs.
Beurrer un moule rond et haut, verser en couches successives les macaronis et la farce.
Cuire au four et bain-marie 45 min.

Gratinée au saint-nectaire

Pour 4 personnes

150 g de saint-nectaire, 250 g de pain de seigle, 250 g d'oignons, 15 g de beurre,
1 litre de bouillon de bœuf, sel, poivre, *pm

Éplucher et émincer les oignons en fines rondelles.
Dans une cocotte, faire fondre le beurre, y faire revenir les oignons jusqu'à légère coloration.
Mouiller le bouillon préalablement dilué dans 1 litre d'eau à ébullition.
Saler, poivrer, couvrir et laisser cuire 30 min à frémissement.
Écroûter le saint-nectaire, le détailler en fines tranches ainsi que le pain.
Dans la soupière, alterner les tranches de saint-nectaire et de pain de seigle.
Terminer par le fromage afin de le faire gratiner.
Arroser du bouillon et mettre à gratiner sous le gril du four.

Soufflé aux trois fromages de Savoie

Pour 2 personnes

45 g de beurre,
45 g de farine,
25 cl de lait,
35 g d'emmental râpé,
25 g de beaufort,
25 g d'abondance,
5 œufs,
sel, poivre, *pm,
muscade, *pm

Préchauffer le four, beurrer le moule à soufflé de beurre clarifié, le fariner et réserver au frais.
Réaliser un roux blanc : faire fondre le beurre et hors du feu ajouter la farine, cuire 2 min sans coloration. Laisser refroidir.
Faire bouillir les 25 cl de lait, le verser bouillant sur le roux froid, mélanger à l'aide d'un fouet pour obtenir un appareil lisse, cuire 2 à 3 min sans cesser de remuer. Assaisonner de sel, poivre et muscade.
Séparer les jaunes des blancs d'œufs, ajouter trois jaunes à la béchamel chaude et continuer à cuire doucement 2 à 3 min en fouettant énergiquement.
Débarrasser dans un autre récipient afin de stopper la cuisson, beurrer la surface pour l'empêcher de croûter.
Battre les blancs en neige ferme avec une pincée de sel.
Ajouter à l'appareil précédent (béchamel-œufs), les trois fromages râpés puis les blancs en neige et mélanger délicatement.
Verser dans le moule à soufflé, tapoter le moule pour uniformiser.
Saupoudrer avec le reste de fromage râpé ou décorer avec des losanges.
Faire cuire à four 180 °C pendant 20 min en évitant d'ouvrir la porte du four, cependant, décoller légèrement au bout de 5 min de cuisson les bords du soufflé avec la pointe du couteau.
Servir chaud.

Croustillant d'huîtres au munster

Pour 2 personnes

2 feuilles de brick,
10 g de beurre,
8 huîtres n° 3,
25 g de munster,
2 tomates,
4 feuilles de menthe,
1/2 cuillère à soupe de vinaigre,
1 pincée de cumin,
1 cuillère à soupe d'huile d'olive,
sel, poivre, *pm

Clarifier le beurre.
Monder les tomates, les couper en rondelles.
Les disposer sur une assiette et les faire mariner dans le vinaigre balsamique, la menthe ciselée, l'huile d'olive, le sel et le poivre.
Filmer et réserver au frais.
Ouvrir les huîtres, récupérer la deuxième eau puis les raidir (frémissement 15 à 20 secondes).
Égoutter sur du papier absorbant.
Écroûter et couper le munster en petites tranches, farcir la feuille de brick préalablement badigeonnée de beurre clarifié.
Disposer les graines de cumin, le munster et les huîtres pochées.
Refermer la feuille de brick façon portefeuille, badigeonner à nouveau le dessus au beurre.
Cuire à four chaud 200 °C (th. 6-7) jusqu'à coloration de la feuille de brick (5 à 6 min).
Disposer sur une assiette les tomates marinées et placer au centre le croustillant.

Œufs cocotte cantal et crevettes

Pour 2 personnes

4 crevettes roses,
15 g de beurre,
1/2 échalote,
2 œufs,
5 cl de crème,
30 g de vieux cantal,
1 cuillère à soupe de ciboulette,
sel, poivre, *pm

Préchauffer le four à 190 °C (th. 5).
Décortiquer les crevettes.
Ciseler l'échalote et la faire revenir dans le beurre, ajouter les crevettes, la ciboulette et assaisonner.
Beurrer les ramequins.
Ajouter les crevettes, casser l'œuf et cuire au bain-marie 8 à 10 min, faire chauffer la crème, ajouter le cantal coupé en petits morceaux.
Réduire légèrement, assaisonner. Dès la sortie du four, entourer le jaune d'œuf de cette sauce.

Crêpes du Curé Nantais

Pour 4 personnes

Pâte à crêpes
50 cl de lait entier,
3 œufs,
10 g de beurre demi-sel,
250 g de farine,
sel, poivre, *pm

Farce
8 rondelles d'andouille de Guémené,
200 g de Curé Nantais,
1 cuillère à soupe de persil plat,
50 g de beurre

Disposer la farine en fontaine, au centre mettre le sel et les œufs.
Mélanger petit à petit, verser le lait, mélanger jusqu'à l'obtention d'une pâte lisse, laisser reposer 1 h.
Ajouter le beurre fondu dans la pâte avant de l'utiliser.
Découper le Curé Nantais en fines tranches.
Faire sauter rapidement dans le beurre les rondelles d'andouille.
Hacher le persil, cuire les crêpes (méthode traditionnelle) dans une poêle beurrée. Faire des crêpes assez grandes afin de les garnir.
Étaler les crêpes refroidies, les garnir avec l'andouille et le Curé.
Refermer les crêpes façon portefeuille, badigeonner de beurre fondu et les passer au four à 180 °C (th. 5-6) 5 min.

Gratin de poireaux au brie de Meaux

Pour 4 personnes

8 poireaux,	**30 g de farine,**
120 g de brie de Meaux	**50 cl de lait entier,**
	muscade, *pm,
Béchamel	**cayenne, *pm,**
30 g + 10 g de beurre,	**sel, poivre,*pm**

Préparer les poireaux (couper les racines, une partie du vert), les couper en tronçons de 4 à 5 cm.
Les précuire à la vapeur en les gardant légèrement croquants.
Porter le lait à ébullition.
Fondre le beurre, ajouter la farine, cuire 1 à 2 min en mélangeant.
Laisser refroidir, ajouter le lait chaud et mélanger jusqu'à la reprise de l'ébullition, cuire quelques minutes, assaisonner.
Préchauffer le four.
Découper le brie en cubes et l'ajouter dans la béchamel.
Beurrer un plat à four, y placer les tronçons de poireaux, napper de sauce et passer au four 10 min environ.

Salade fromagère

Pour 4 personnes

120 g de salade panachée,
4 tomates cocktail,
80 g de comté,
80 g de bleu du Vercors,
80 g de mimolette,
2 cuillères à soupe de pignons de pin,
2 cuillères à soupe de raisins golden

Sauce
1 yaourt entier,
3 cuillères à soupe d'herbes fraîches,
1 cuillère à café de moutarde,
1/2 cuillère à soupe de vinaigre balsamique,
sel, poivre, *pm

Retirer la croûte des fromages, les tailler en cubes. Réserver.
Mettre le yaourt dans un bol, ajouter le vinaigre, la moutarde, les herbes préalablement lavées et hachées (une cuillère à soupe de chaque).
Griller à sec les pignons de pin (dans une poêle ou au four).
Mettre dans un bol la salade, placer les ingrédients en harmonisant les couleurs.
Servir la sauce à part.

Tartes

Tarte du montagnard au beaufort

Pour 6 personnes

Pâte brisée
250 g de farine,
125 g de beurre,
1 cuillère à café de sel,
3 cl d'eau,
1 œuf

15 cl de crème fraîche,
15 cl de lait,
1 cuillère à soupe de farine,
3 œufs,
150 g de beaufort,
6 tranches de viande des Grisons,
40 g de salade mélangée,
cerneaux de noix,
vinaigrette, *pm,
sel, poivre, *pm, muscade, *pm

Mettre la farine tamisée dans le bol, ajouter le beurre coupé en petits morceaux, le sel et l'eau.
Pétrir jusqu'à l'obtention d'une boule homogène.
Laisser reposer 30 min au frais.
Préchauffer le four à 200 °C (th. 6-7).
Étaler la pâte, la disposer dans un moule beurré, la piquer et faire précuire à blanc 10 min avec du papier sulfurisé.
Retirer la croûte et râper le beaufort, le mélanger avec la crème, le lait, la farine, les trois jaunes d'œufs et l'assaisonnement.
Battre deux blancs en neige ferme. Les incorporer au mélange précédent.
Remplir le fond de tarte précuit avec l'appareil. Cuire 25 à 30 min.
Découper en parts et servir avec une salade verte et quelques cerneaux de noix ainsi que la viande des Grisons.

Tarte du pêcheur à l'emmental breton

Pour 6 personnes

**1 rouleau de pâte brisée,
1 blanc de poireau,
1 carotte,
100 g d'épinards cuits,
6 noix de Saint-Jacques,
12 crevettes roses,
1 tranche de saumon fumé,
20 g de beurre,
30 g d'emmental râpé,
8 cl de lait,
8 cl de crème liquide,
fumet de poisson
(10 cl d'eau + 1 cuil. à c.),
2 œufs + 1 jaune,
muscade, *pm,
sel, poivre, *pm**

Éplucher, laver les légumes, équeuter, laver les épinards. Demander à votre poissonnier de décortiquer les Saint-Jacques.
Tailler la carotte et le poireau en julienne et les faire suer au beurre 5 min, assaisonner.
Faire fondre le beurre, ajouter les épinards et cuire jusqu'à ce que l'eau de végétation soit évaporée, assaisonner.
Préchauffer le four à 190 °C (th. 6).
Mettre la pâte dans un moule. Réserver au frais quelques minutes.
Placer un papier sulfurisé sur la pâte (avec quelques haricots secs ou des couverts en métal pour éviter à la pâte de gonfler) et précuire à blanc 15 min.
Préparer le fumet de poisson (eau à ébullition + fumet déshydraté).
Décortiquer les crevettes, tailler en lanières le saumon fumé.
Séparer le jaune d'un blanc d'œuf, le mettre dans un saladier, ajouter deux œufs, les battre en omelette, incorporer le lait, 5 cl de fumet et la crème, mélanger et assaisonner.
Répartir les légumes et les fruits de mer dans le fond de tarte précuit, remplir avec l'appareil et cuire 35 à 40 min en baissant le four après 15 min à 160 °C (th. 4 -5). Découper et servir.

Tarte au munster et au cumin

Pour 6 personnes

1 pâte brisée (280 g),
300 g de munster,
100 g de crème épaisse,
100 g de fromage blanc,
20 g de farine,
3 œufs,
1 cuillère à café de cumin,
poivre, *pm

Préchauffer le four th. 7 (210 °C).
Étaler la pâte sur un plan de travail fariné et en garnir une tourtière beurrée. Piquer le fond à la fourchette.
Retirer la croûte du munster, le découper en fines tranches et le disposer sur la tarte.
Lisser le fromage blanc au fouet puis incorporer la crème et la farine.
Clarifier les œufs, mélanger les jaunes à la préparation au fromage blanc, poivrer mais ne pas saler (le fromage l'est suffisamment) et ajouter le cumin.
Battre les blancs en neige et les incorporer délicatement au mélange et verser la préparation sur le munster.
Mettre au four et laisser cuire 30 min. La garniture gonflera puis retombera à la sortie du four.
Déguster chaud, accompagné d'une salade de choucroute crue, ou bien de chou vert émincé agrémenté de quartiers de pommes.

Tarte bacon-emmental

Pour 6 personnes

1 pâte brisée,
200 g (en dés)
de jambon blanc,
6 tranches de bacon,
50 g d'emmental râpé,
2 jaunes d'œufs,
40 cl de crème épaisse,
poivre, *pm

Préchauffer le four à 200 °C (th. 6). Étendre la pâte dans un moule à tarte, la piquer.
Couvrir de dés de jambon. Répartir le bacon.
Mélanger la crème et le fromage râpé, ajouter les deux jaunes d'œufs, poivrer. Verser le mélange sur le bacon.
Cuire au four 40 min à 190 °C.

Tarte aux champignons et au bresse bleu

Pour 6 personnes

250 g de pâte brisée,
500 g de champignons de Paris,
100 g de bresse bleu,
3 œufs,
80 g de cantal ou d'emmental,
150 g de crème fraîche,
40 g de beurre,
sel, poivre, *pm

Préchauffer le four à 210 °C (th. 7).
Étaler la pâte et garnir un moule à tarte beurré de 24 cm de diamètre.
Piquer le fond à la fourchette, le recouvrir d'une feuille de papier sulfurisé, disposer dessus des légumes secs afin d'éviter que la pâte ne se déforme à la cuisson.
Enfourner et laisser cuire 10 min.
Entre-temps, supprimer le bout terreux des champignons. Les rincer et les émincer.
Les faire revenir à la poêle dans 25 g de beurre bien chaud pendant 8 à 10 min. Assaisonner.
Dans un bol, mélanger le fromage persillé émietté, la crème fraîche, les œufs et le cantal ou l'emmental râpé. Poivrer au moulin.
Sortir le fond de tarte du four, retirer le papier sulfurisé supportant les légumes secs, puis laisser tiédir quelques minutes.
Répartir les champignons sur le fond et recouvrir de la préparation aux œufs et fromage.
Cuire 25 min dans le four après avoir baissé le thermostat à 6 (180 °C).
Démouler et servir chaud.

Tarte au livarot

Pour 4 personnes

250 g de farine (T 45),
10 g de levure boulangère,
1 œuf,
15 cl de lait,
50 g + 10 g de beurre,
1/2 livarot,
20 cl de crème fraîche,
8 tranches de bacon,
2 oignons,
25 g de beurre,
sel, poivre, *pm

Délayer la levure dans 2 à 3 cl de lait et verser le restant du lait dans une jatte avec la farine, l'œuf, les 50 g de beurre en pommade et une pincée de sel. Pétrir la pâte, la façonner en boule.

Étaler la pâte, beurrer la plaque du four et y placer la pâte (ne pas façonner de bords). Couvrir avec un torchon et laisser reposer 1 h à température ambiante.

Préchauffer le four à 150 °C (th. 5).

Retirer la croûte du livarot et le détailler en tranches fines. Éplucher, laver, émincer les oignons et les cuire doucement à couvert avec le beurre pendant 20 min.

Répartir sur la pâte une couche de fondue d'oignons, les tranches de bacon, terminer par le livarot, napper de crème fraîche, assaisonner.

Cuire au four 40 min environ, surveiller la coloration. Sortir la tarte, laisser reposer 5 min avant de la découper.

Servir avec une salade de jeunes pousses d'épinards et de pignons de pin grillés.

Conseil

Sortir le beurre 4 à 5 h à l'avance et le travailler à la consistance d'une pommade.

Plats

Courgettes farcies à la faisselle

Pour 4 personnes

**4 courgettes moyennes,
175 g de fromage blanc en faisselle,
1 oignon,
100 g de champignons,
40 g de parmesan,
25 g de pignons de pin,
20 g de beurre,
2 cuillères à soupe de fines herbes hachées**

Préchauffer le four à 200 °C (th. 6).
Égoutter le fromage blanc, laver, essuyer puis couper les courgettes en deux dans le sens de la longueur.
Les faire cuire 10 min à la vapeur, les égoutter sur du papier absorbant.
Éplucher et couper finement l'oignon, laver les champignons et les hacher.
Fondre le beurre dans une poêle, y faire revenir les oignons et le hachis de champignons pendant 5 min.
Hors du feu, ajouter le fromage blanc égoutté, les herbes. Assaisonner.
À l'aide d'une cuillère, évider les courgettes. Les remplir de farce, saupoudrer de parmesan et gratiner 10 min au four.

Suprême de volaille au munster

Pour 4 personnes

4 escalopes de volaille,
4 cuillères à soupe de vin blanc,
4 cuillères à soupe de crème fraîche,
50 g de munster,
1 pincée de cumin,
1 échalote,
1 cuillère à soupe de ciboulette,
sel, poivre, *pm

Retirer la croûte du munster, le couper en morceaux. Éplucher et hacher finement l'échalote.
Mettre de l'eau dans la partie basse du cuit-vapeur et porter à ébullition.
Mettre le blanc de volaille dans une feuille de papier aluminium, ajouter l'échalote, le fromage, le vin blanc, la crème, assaisonner.
Refermer bien hermétiquement. Mettre à cuire 12 à 15 min environ.
Découper la papillote en croix à l'aide d'une paire de ciseaux (attention à la vapeur brûlante). Servir aussitôt.

Foie de veau rosé, fromage blanc à l'ail doux

Pour 4 personnes

2 tranches très épaisses de foie,
huile de noisette, *pm,
80 g de noisettes,
200 g de fromage blanc à 40 %,
1 tête d'ail,
2 cuillères à soupe de coriandre,
1 cuillère à café de muscade,
fleur de sel, *pm,
piment d'Espelette, *pm

Choisir le foie de veau blanc sans trace sanguinolente. Le faire tailler dans le lobe le plus épais, en plein centre si possible.
Mettre à macérer le foie de veau dans l'huile de noisette avec la muscade.
Éplucher les gousses d'ail, les mettre à blanchir, puis les passer en purée.
Mélanger le fromage blanc avec l'ail, la coriandre, le sel, le piment d'Espelette.
Dans une poêle antiadhésive, colorer uniformément le foie sur toutes ses faces jusqu'à l'appoint souhaité, arroser très légèrement d'huile de noisette.
Passer les noisettes dans une poêle à sec, les hacher.
Dresser le foie sur assiette accompagné de pommes de terre grenailles, de fromage blanc et parsemer les noisettes torréfiées.

Hachis parmentier gratiné à l'emmental

Pour 4 personnes

500 g de bœuf (morceaux à pot-au-feu),
800 g de pommes de terre,
20 cl de lait,
100 g de beurre,
40 g de crème fraîche,
1 oignon,
2 échalotes,
1/2 botte de persil haché,
50 g d'emmental râpé,
muscade, *pm,
sel, poivre, *pm

Éplucher, laver les pommes de terre, l'oignon, les échalotes.
Cuire les pommes de terre à la vapeur 25 à 30 min.
Les passer au presse-purée, verser le lait chaud et incorporer la crème et la moitié du beurre, assaisonner.
Hacher les oignons, les échalotes, le persil, puis le bœuf cuit à la vapeur (ou utiliser un reste de pot-au-feu).
Faire revenir dans le beurre 10 min environ, assaisonner.
Préchauffer le four à 180 °C (th. 5).
Beurrer un plat à gratin et tapisser le fond de la moitié de la purée. Recouvrir avec les hachis de bœuf et finir avec le reste de purée.
Parsemer d'emmental râpé et de quelques noisettes de beurre. Faire gratiner 10 min.

Pintade à la vapeur de cidre et au Petit Breton

Pour 2 personnes

1 pintade fermière,
4 mini-craquelins,
80 g + 40 g de beurre,
80 g de Petit Breton,
1 cl de crème fraîche,
1 jaune d'œuf,
75 cl + 3 cl de cidre,
fleur de sel, *pm,
1/2 citron,
2 pommes reinette armorique,
8 brins de ciboulette,
sel, poivre, *pm

Pâte à galette
125 g de farine de blé noir,
5 cl de lait ribot, gros sel,
35 cl d'eau.

Pâte à galette
Mettre la farine dans un saladier, ajouter le gros sel et le lait ribot, mélanger l'ensemble.
Délayer avec l'eau petit à petit, battre 2 min. Ajouter l'eau restante : vous devez obtenir une pâte lisse (pas besoin de repos).
Cuire la galette à 250 °C sur une tuile beurrée, la retourner au bout de 20 à 30 secondes et poursuivre la cuisson rapidement sur l'autre face. Laisser refroidir puis tailler les galettes en tagliatelles (lanières).

Éplucher les pommes, les citronner, mettre les épluchures avec le cidre dans le cuit-vapeur, porter à ébullition.
Découper la pintade en quatre morceaux, les assaisonner, les raidir dans le beurre chaud et les déposer dans le cuit-vapeur, couvrir et cuire de 20 min (pour la pintade) à 30 min (pour les cuisses).
Découper les pommes en quartier, les sauter dans le beurre jusqu'à l'obtention d'une coloration blonde, les garder croquantes. Réserver au chaud.
Retirer la croûte du fromage (type Petit Breton), le couper en petits dés très fins, mélanger avec un jaune d'œuf et les 3 cl de cidre, assaisonner. Réserver au frais.
Retirer les morceaux de pintade, les réserver au chaud (à four doux). Filtrer le cidre, le mettre à réduire (20 cl) et incorporer la crème fraîche, porter à ébullition et réduire à nouveau jusqu'à l'obtention d'une sauce nappante. Vérifier l'assaisonnement.
Fondre le beurre dans une poêle, adjoindre les tagliatelles de blé noir et les rendre croustillantes.
Placer la farce au fromage dans les mini-craquelins et passer quelques instants au four, de façon à faire fondre et à colorer légèrement.
Dresser sur une assiette chaude, ajouter les tagliatelles, surmonter des quartiers de pommes, napper d'un cordon de sauce au cidre, parsemer la fleur de sel sur la pintade et placer les brins de ciboulette.

Gaperon frais façon « Parmentier »

Pour 4 personnes

**4 (grosses) pommes de terre,
4 cuillères à soupe de
crème fraîche,
1 cuillère à soupe
de ciboulette,
24 escargots de Bourgogne
au naturel,
300 g de gaperon frais,
gros sel, sel, poivre, *pm**

Laver les pommes de terre, cuire à l'eau bouillante salée 25 à 30 min sans qu'elles éclatent. Égoutter et refroidir.
Égoutter les escargots, les rincer à l'eau froide. Couper les pommes de terre en deux dans le sens de la longueur.
Évider avec une petite cuillère une partie de la chair.
Écraser à la fourchette la chair de pomme de terre, ajouter le gaperon frais, la crème, la ciboulette. Goûter le mélange et vérifier l'assaisonnement.
Préchauffer le four à 190 °C (th. 6).
Farcir les pommes de terre en mettant un peu de farce au fond de chaque moitié, placer les escargots et recouvrir avec le restant de farce.
Disposer dans un plat à gratin et cuire 10 à 12 min environ.

Conseil
Prendre des pommes de terre de type monalisa. Cette préparation peut se réaliser également avec des lardons ou du jambon cru à la place des escargots.

Papillote de gaperon aux écrevisses et champignons

Pour 4 personnes

100 g de queues d'écrevisses décortiquées,
200 g de gaperon sec,
300 g de champignons de Paris,
20 g + 10 g de beurre,
5 cl de crème fraîche,
1/2 cuillère à café de pastis,
4 à 5 feuilles de cerfeuil,
4 à 6 feuilles d'estragon,
sel, poivre *pm,
papier sulfurisé ou aluminium

Équeuter, laver, essuyer les champignons, les couper en petits cubes. Les faire revenir dans les 20 g de beurre, à feu vif jusqu'à une légère coloration blonde. Assaisonner, ajouter les écrevisses, les herbes lavées et hachées, le pastis et terminer par la crème fraîche.
Laisser réduire jusqu'à léger épaississement. Découper quatre tranches de gaperon de 50 g.
Préchauffer le four à 200-210 °C (th. 6-7).
Faire fondre le beurre restant. Beurrer les quatre feuilles de papier, assaisonner légèrement le fond.
Déposer au centre la préparation, placer sur le dessus le fromage. Refermer les papillotes (il faut qu'elles soient bien hermétiques).
Mettre les papillotes sur la plaque du four, cuire 5 à 6 min. Les retirer et les placer sur les assiettes.

Conseil
Découper le dessus des papillotes en croix à l'aide d'une paire de ciseaux. Replier les quatre extrémités (attention à la vapeur brûlante).

Mousseline au livarot

Pour 4 personnes

400 g de fromage blanc battu,	**100 g de livarot,**
50 g de farine tamisée,	**paprika, *pm,**
3 œufs,	**coriandre, *pm,**
30 g de beurre,	**sel, poivre, *pm,**
30 g de crème fraîche,	**1 cuillère à soupe de jus de citron,**
	papier sulfurisé

Mélanger le fromage blanc avec la farine, deux œufs, le paprika, le sel et le poivre ainsi que le livarot coupé en petits dés. Monter un blanc d'œuf en neige avec une pincée de sel et l'ajouter au mélange précédent. Préchauffer le four à 150 °C (th. 5). Beurrer quatre ramequins et les garnir avec la préparation.

Faire cuire 20 à 25 min au bain-marie en protégeant la surface d'un papier sulfurisé beurré.

Dans une casserole, mettre le jaune d'œuf restant avec deux cuillerées à soupe d'eau froide et fouetter vivement sur feu doux. Dès que le mélange commence à épaissir, ajouter la crème fraîche, le jus de citron, le beurre ramolli, assaisonner de sel et poivre.

Démouler les mousselines et napper de sauce, saupoudrer de paprika et décorer avec les feuilles de brick.

Conseil

Pour obtenir une cuisson des mousselines parfaite, intercaler un papier sulfurisé entre le plat et les ramequins avant de verser l'eau chaude.

Grenadins de veau au Clacbitou

Pour 4 personnes

600 g de filet de veau (grenadins),
80 g de beurre,
200 g de Clacbitou (charolais),
200 g de crème fraîche liquide,
15 cl de fond de veau déshydraté,
8 + 2 échalotes,
sel, poivre,
sucre, *pm

Mixer 100 g de Clacbitou avec la crème fraîche. Éplucher, laver et ciseler deux échalotes.

Confire les autres échalotes dans un récipient en les disposant bien à plat. Ajouter le beurre, le sel, le sucre et l'eau à mi-hauteur des échalotes, recouvrir avec un papier sulfurisé, cuire jusqu'à l'évaporation de l'eau : les échalotes doivent être brillantes.

Faire sauter dans le beurre les grenadins coupés en noisettes de 3 cm d'épaisseur, cuire 4 à 5 min.

Dégraisser la poêle, ajouter les deux échalotes ciselées et les faire revenir sans coloration et adjoindre le fond de veau, porter à ébullition 2 à 3 min et incorporer la crème de Clacbitou. Assaisonner et filtrer.

Rôtir le fromage restant au four à 180 °C 5 à 6 min.

Mettre la sauce en fond d'assiette, disposer les grenadins de veau. Décorer avec les échalotes confites et le rocamadour.

Conseil

Cuire les grenadins de veau légèrement rosés, ils n'en seront que plus moelleux. Pour l'utilisation du fond de veau, suivre les quantités indiquées.

Entrecôte de salers « sauce Aubière » et son moelleux de pommes de terre aux deux gaperons

Pour 4 personnes

2 x 380 g d'entrecôtes de salers en pavés,
20 g de beurre,
1 cuillère à soupe d'huile,
300 g de gaperon frais,
8 cl de crème fraîche,
3 grosses pommes de terre,
3 cuillères à soupe de ciboulette,
120 g de gaperon sec,
1 œuf,
1 cuillère à soupe de moutarde,
chapelure fine, *pm,
sel, poivre, gros sel, *pm,
30 à 40 cl d'huile (friture)

Laver les pommes de terre, cuire à l'eau bouillante salée 25 min environ. Les égoutter, les éplucher tièdes et les écraser à la fourchette comme une purée.
Incorporer la crème fraîche, la ciboulette lavée et hachée, le gaperon frais également écrasé. Mélanger l'ensemble.
Découper en gros cubes le gaperon sec. Casser l'œuf, le battre en omelette, ajouter la moutarde, le sel et le poivre.
Façonner une boulette de pomme de terre, la couper en deux, placer le cube de gaperon à l'intérieur et refermer la boulette.
La passer dans l'œuf moutarde puis dans la chapelure. Chauffer l'huile dans une casserole.
Déposer les boulettes, les cuire de façon à colorer la chapelure. Les déposer sur du papier absorbant.

Sauce
Écraser le restant du gaperon frais, le faire fondre à feu doux en mélangeant à l'aide d'un petit fouet.
Incorporer la crème, donner une ébullition.
Faire fondre du beurre dans une poêle avec une cuillerée à soupe d'huile.
Cuire les entrecôtes suivant l'appoint de cuisson souhaité.

Mettre la viande sur des assiettes chaudes, napper de sauce « Aubière ». Ajouter les moelleux de pommes de terre. Décorer avec des croisillons de ciboulette.

Carpaccio de bœuf à la tomme

Pour 4 personnes

400 g (bœuf rayon libre service) de viande à carpaccio,
80 g de tomme,
1 citron,
8 têtes de champignons de Paris,
2 cuillères à soupe de ciboulette,
6 cuillères à soupe d'huile d'olive,
poivre, sel, fleur de sel, *pm

Équeuter et laver les champignons, les essuyer sur du papier absorbant, les émincer en lamelles. Presser le citron et arroser les champignons d'une cuillerée à soupe de jus de citron.
Retirer la croûte de la tomme et la détailler en lamelles.
Verser le reste du jus de citron dans un bol, ajouter le sel, le poivre, émulsionner avec l'huile d'olive à l'aide d'un fouet, ajouter la ciboulette hachée.
Disposer la viande dans les assiettes, à l'aide d'un pinceau la badigeonner de marinade (citron + huile d'olive).
Mettre au réfrigérateur 15 min. Ensuite, sortir les assiettes et placer les champignons émincés, les lamelles de tomme sur la viande, parsemer de fleur de sel et de poivre du moulin.
Servir très frais.

Clafoutis savoyard à la tomme des Bauges

Pour 4 personnes

600 g de champignons de Paris,
3 œufs,
30 cl de crème fraîche liquide,
120 g de tomme des Bauges,
30 g + 10 g de beurre,
3 cuillères à soupe de ciboulette,
6 cuillères à soupe d'huile d'olive,
poivre, sel,
noix de muscade, *pm

Préchauffer le four à 180 °C (th. 5). Équeuter, laver les champignons, les éponger à l'aide de papier absorbant, les couper en lamelles et les faire revenir dans le beurre chaud à la poêle jusqu'à l'obtention d'une coloration blonde.

Battre trois œufs en omelette à l'aide d'un fouet, ajouter les épices, la crème fraîche et la ciboulette lavée et hachée finement.

Retirer la croûte de la tomme et la couper en fines lamelles. Beurrer un plat en terre, y déposer les champignons sautés et recouvrir avec la préparation précédente, puis disposer les lamelles de tomme.

Remplir d'eau un plat assez profond, y déposer le plat en terre avec la préparation et mettre au four pendant 30 min. Servir chaud avec une salade aillée.

Conseil

Vous pouvez associer d'autres variétés de champignons (cèpes, girolles, pleurotes).

Suprême de poulet au pain d'épice farci au roquefort

Pour 4 personnes

**4 blancs de poulet,
60 g de beurre,
1 cuillère à soupe d'huile,
15 cl de lait,
environ 8 tranches
de pain d'épice,
100 g de roquefort,
8 champignons de Paris,
2 échalotes,
2 cuillères à soupe de persil, sel,
poivre, *pm**

Écraser le roquefort à la fourchette. Laver, équeuter, éponger les champignons, les hacher très finement. Éplucher, hacher les échalotes. Laver, équeuter et hacher le persil.
Fondre le beurre (20 g), ajouter les échalotes, cuire 2 min sans coloration, mettre les champignons, poursuivre la cuisson jusqu'à l'évaporation de l'eau de végétation. Terminer par le persil haché et assaisonner. Laisser refroidir et incorporer cette préparation au roquefort.
Couper le pain d'épice en morceaux et le mixer pour le réduire en chapelure fine. Préchauffer le four à 160 °C (th. 5)
Ouvrir le blanc de poulet en portefeuille (dans le sens de la longueur), assaisonner et garnir avec la farce champignons-roquefort.
Passer dans le lait la volaille, puis dans la chapelure de pain d'épice en appuyant pour bien adhérer.
Faire chauffer le beurre restant et l'huile. Déposer la volaille panée et cuire sur les deux faces pour colorer légèrement, puis mettre dans un plat au four pour terminer la cuisson 10 min environ.

Conseil
Choisir un pain d'épice assez serré et pas trop humide.

Gratin de pommes de terre et courgettes à l'époisses

Pour 4 personnes

500 g de pommes de terre,
2 à 3 courgettes selon grosseur,
250 g d'époisses,
30 cl de crème fraîche,
10 g de beurre,
poivre, sel,
noix de muscade, *pm

Éplucher, laver les pommes de terre, les détailler en rondelles fines. Couper les extrémités des courgettes, les laver, les détailler en rondelles, les précuire à la vapeur 3 à 4 min, égoutter.
Gratter la peau de l'époisses et le couper en tranches.
Préchauffer le four à 180 °C (th. 5). Beurrer un plat à gratin, assaisonner le fond du plat. Répartir une première couche de pommes de terre, continuer avec les courgettes, assaisonner.
Ajouter des morceaux d'époisses, la crème et renouveler l'opération deux à trois fois en fonction de la hauteur du plat. Enfourner et cuire 40 à 45 min environ.

Conseil
Servir avec une viande rouge ou un civet de marcassin.

Gratin hivernal aux deux légumes et à la fourme de Montbrison

Pour 4 personnes

2 courgettes,
4 pommes de terre charlotte,
10 g + 5 g de beurre,
25 cl de crème épaisse,
150 g de fourme de Montbrison,
1 gousse d'ail,
1 pincée de gros sel,
1 pincée de poivre,
1 pincée de sel,
1 pincée de muscade,
eau

Laver les courgettes, retirer les extrémités, les détailler en rondelles.
Précuire à la vapeur 4 à 5 min.
Éplucher les pommes de terre, les laver, les éplucher, les couper en rondelles fines.
Frotter un plat à gratin avec la gousse d'ail et le beurrer, assaisonner le fond du plat.
Retirer la croûte de la fourme et détailler en tranches puis en lamelles.
Préchauffer le four à 170-180 °C (th. 4-5).
Monter le gratin en alternant les rondelles de courgettes, les pommes de terre, une partie de la fourme et la crème.
Assaisonner entre les couches. Cuire environ 35 à 40 min.
Ajouter les lamelles restantes 8 à 10 min avant la fin de cuisson pour obtenir un joli gratin.

Conseil
La précuisson des courgettes à la vapeur est importante pour éviter un relâchement d'eau trop important, ce qui modifierait la texture du gratin.

Tournedos en « portefeuille » de fourme

Pour 4 personnes

160 g de tournedos,
4 tranches de fourme de Montbrison,
20 grains de raisin frais,
5 cl de muscat de Frontignan ou rivesaltes,
15 cl de crème liquide,
15 g + 10 g de beurre,
1 cuillère à soupe d'huile,
1 pincée de sel,
1 pincée de poivre,
4 pluches de cerfeuil

Peler les grains de raisins, les épépiner en les coupant en deux. Faire chauffer le beurre et l'huile, saisir rapidement les tournedos et les retirer.
Assaisonner, laisser refroidir.
Retirer la croûte de la fourme, détailler quatre tranches, puis les couper en quatre.
Ouvrir les tournedos façon « portefeuille », réserver et placer la fourme au milieu.
Préchauffer le four à 200 °C. Passer les grains de raisin épépinés dans le beurre, les retirer après 30 à 40 secondes.
Ajouter le muscat. Laisser réduire de moitié et verser la crème, réduire à nouveau jusqu'à l'obtention d'une sauce onctueuse, assaisonner.
Y remettre les raisins.
Mettre dans un plat à four les tournedos et réchauffer jusqu'à ce que le fromage fonde.
Dresser sur assiette chaude les tournedos, napper d'un cordon de sauce autour. Placer les pluches de cerfeuil.

Noisettes de porc, crème de camembert

Pour 4 personnes

800 g de filet mignon de porc,
20 g de beurre,
1 cuillère à soupe d'huile,
150 g de crème épaisse,
1/2 camembert au lait cru,
5 cl de pommeau de Normandie,
1 cuillère à soupe d'huile d'arachide,
1 pincée de sel,
1 pincée de poivre du moulin

Faire parer le filet par votre boucher. Détailler le filet en noisettes (tranches de 1,5 cm d'épaisseur), assaisonner.
Faire chauffer 15 g de beurre et l'huile dans un récipient à fond épais. Saisir les noisettes de porc, les cuire 3 à 4 min sur chaque face.
Les retirer et les maintenir au chaud au four à 120 °C.
Retirer l'excédent de matière grasse, puis déglacer avec le pommeau. Décoller les sucs en grattant avec une cuillère, ajouter le camembert préalablement coupé en petits morceaux. Faire fondre puis ajouter la crème épaisse.
Laisser réduire jusqu'à l'obtention d'une sauce onctueuse. Vérifier l'assaisonnement puis passer à travers une passoire fine.
Mettre les noisettes sur assiette chaude, napper de crème de camembert.
Décorer avec du persil plat et quelques dés de tomates.

Conseil
Vous pouvez accompagner ce plat d'une poêlée de pommes. Si vous ne trouvez pas de pommeau, remplacez par du calvados.

Sauté minute d'agneau au bleu des Causses

Pour 4 personnes

**600 g d'épaule d'agneau (désossée, coupée en morceaux),
1 oignon, 1 carotte,
2 gousses d'ail,
10 cl de vin blanc,
20 g de beurre,
1 cuillère à soupe d'huile,
5 cuillères à café de fond de veau déshydraté (+ 50 cl d'eau),
1 bouquet garni,
40 cl de crème fraîche,
80 g de bleu des Causses,
sel, poivre**

Éplucher les légumes (sauf l'ail), les laver, les couper en petits cubes.
Couper le bleu des Causses en petits morceaux et le faire fondre avec de la crème en mélangeant régulièrement.
Faire réduire jusqu'à consistance onctueuse.
Préparer le bouquet garni (queues de persil, une feuille de laurier, deux brindilles de thym).
Réhydrater le fond de veau. Porter à ébullition 50 cl d'eau, ajouter cinq cuillerées à café de fond déshydraté, fouetter. Porter à ébullition, retirer.
Faire revenir l'épaule d'agneau dans le beurre et l'huile bien chauds de façon à obtenir une belle coloration.
Retirer les morceaux du récipient, enlever la matière grasse. Ajouter oignon et carotte en cubes, les faire revenir 2 à 3 min, puis verser le vin blanc pour décoller les sucs de cuisson.
Ajouter la viande, le bouquet garni, l'ail épluché et dégermé. Verser le fond de veau, assaisonner. Cuire environ 50 min à 1 h (suivant la qualité de la viande).
Retirer le bouquet garni, ajouter la réduction de crème au bleu des Causses. Mélanger, vérifier l'assaisonnement.

Pavé de bœuf marchand de vin, gratin de macaronis au comté

Pour 2 personnes

1 pavé de bœuf (320 g),	**150 g de macaronis,**
40 g de beurre,	**30 cl de lait,**
20 g de farine,	**70 g de comté,**
1 échalote,	**sel, gros sel, poivre, *pm,**
15 cl de vin rouge,	**3 cuillères à soupe d'huile d'arachide,**
5 cl de fond de veau,	**cayenne, muscade, *pm**

Faire fondre 20 g de beurre dans une casserole à fond épais. Ajouter 20 g de farine, mélanger à l'aide d'un fouet et cuire 2 min environ.
Laisser refroidir. Porter à ébullition le lait et l'ajouter sur le roux refroidi tout en mélangeant et cuire quelques minutes jusqu'à ébullition. Assaisonner.
Préparer le fond de veau (eau à ébullition + fond). Éplucher et ciseler l'échalote finement.
Couper le pavé de bœuf en deux, faire chauffer le beurre et l'huile, et cuire la viande à l'appoint de cuisson souhaité (bleu, saignant, à point, bien cuit).
Dégraisser la poêle, ajouter l'échalote, la faire suer puis déglacer avec le vin. Laisser réduire d'un quart, puis ajouter le fond.
Réduire à nouveau et monter au beurre, assaisonner.
Cuire les pâtes à l'eau bouillante salée 8 min, les égoutter. Beurrer un plat à gratin, disposer une couche de macaronis, de comté et ajouter la béchamel.
Renouveler l'opération, puis enfourner à 180 °C pendant 10 à 15 min.
Ajouter le restant du comté râpé et faire gratiner sous le gril du four.
Dresser la viande sur assiette chaude, napper de sauce.
Servir le gratin à part.

Gratin dauphinois à l'emmental râpé

350 g de pommes de terre (fermes),
10 cl de crème fleurette,
20 cl de lait,
50 g d'emmental râpé,
20 g de beurre,
1 gousse d'ail,
sel, poivre,
muscade, *pm

Éplucher et laver les pommes de terre, les sécher. Frotter le plat à gratin avec la gousse d'ail, beurrer largement.
Disposer les pommes de terre coupées en 2 à 3 mm d'épaisseur en étage dans le plat, assaisonner avec sel, poivre et muscade.
Napper de lait et de crème fleurette (liquide), mélanger au fouet.
Cuire 1 h à 200 °C puis saupoudrer de comté râpé et terminer la cuisson pendant 45 min (environ) à 180 °C.

Note saveur
En fonction de la hauteur du plat, il est possible de commencer à cuire avec le lait et d'ajouter la crème en cours de cuisson.

Courgettes farcies au pil-pil de blé et beaufort

Pour 2 personnes

100 g de pil-pil (boulghour),
1 courgette moyenne,
50 g de beaufort,
20 g de beurre,
1 échalote, 1 gousse d'ail,
1 cuillère à soupe de persil,
1 cuillère à soupe de ciboulette,
sel, poivre, *pm

Blanchir la courgette à l'eau bouillante 7 à 8 min environ. Hacher l'échalote, l'ail, le persil et la ciboulette.
Faire revenir dans le beurre l'échalote et l'ail. Ajouter le pil-pil, puis mouiller avec l'eau (deux fois le volume du pil-pil).
Cuire jusqu'à absorption du liquide (10 min).
Couper la courgette en deux dans le liquide de la longueur. Évider à l'aide d'une petite cuillère et incorporer la chair sans les pépins dans le pil-pil, puis le beaufort (une partie : 30 g) de façon à obtenir un mélange homogène.
Assaisonner : sel, poivre et herbes. Préchauffer le four à 180 °C (th. 5).
Remplir les courgettes de farce, les placer dans un plat à four. Parsemer le reste de beaufort, passer au four 10 min (attention à ne pas dessécher).

Omelette au comté, noix et pignons

Pour 1 personne

2 œufs,
2 cuillères à soupe de lait,
10 g + 1 noix de beurre,
35 g de comté,
3 cerneaux de noix,
1 cuillère à soupe de pignons,
sel, poivre, *pm

Concasser les cerneaux de noix, griller à sec dans une poêle les pignons de pin. Réserver.
Casser les œufs dans un saladier et les battre à la fourchette. Ajouter le lait, assaisonner. Râper le comté.
Faire fondre le beurre dans une poêle. Dès qu'il mousse, verser les œufs, mélanger à l'aide d'une spatule, ajouter le fromage râpé.
Poursuivre la cuisson, ajouter les fruits secs et rouler l'omelette. Passer dessus une noix de beurre pour la rendre brillante.
Servir avec une salade verte.

Filet de bœuf aux cinq poivres, flan de champignons aux herbes et gratin de pommes de terre au comté

Pour 2 personnes

280 g de filet de bœuf,
40 g de beurre,
1 cl d'huile,
10 cl de fond de veau,
2 cl de cognac,
5 cl de crème liquide,
poivre (vert, rose, noir, blanc, sichuan)

Gratin
450 g de pommes de terre,
20 cl de crème fraîche,
1 cuillère à soupe de moutarde,
75 g de comté, sel, poivre, *pm

Flan
150 g de champignons,
2 échalotes,
1 jaune + 1 œuf,
1 cuillère à soupe de crème,
2 cuillères à soupe de ciboulette,
2 cuillères à soupe de persil,
20 + 5 g de beurre

Flan
Équeuter, laver les champignons, les mixer, hacher les herbes, ciseler les échalotes.
Fondre les 20 g de beurre, ajouter les échalotes, cuire 2 à 3 min, ajouter les champignons, les herbes, cuire jusqu'à évaporation complète de l'eau de végétation.
Ajouter l'œuf et le jaune, la crème, assaisonner.
Beurrer les ramequins, ajouter les champignons, cuire au bain-marie four 170 ° (th. 5).

Gratin
Éplucher les pommes de terre, les couper en rondelles, beurrer un plat à gratin.
Mélanger la crème, la moutarde, assaisonner, ajouter le comté râpé.
Monter le gratin, répartir les pommes de terre dans le plat, ajouter le mélange crème, moutarde, comté et cuire 1 h à 1 h 15.

Filet de bœuf
Paner votre filet dans les cinq poivres concassés.
Préparer le fond de veau (eau + fond).
Faire fondre le beurre et l'huile (très chaud) et saisir la viande sur les deux faces. Cuire jusqu'à la cuisson désirée.
Maintenir au chaud, dégraisser la poêle, déglacer au cognac, ajouter le fond de veau, laisser réduire d'un quart.
Ajouter la crème, assaisonner, réduire jusqu'à ce que la sauce devienne nappante. Dresser sur assiette chaude et démouler les flans.

Pizza aux trois fromages (bleu du Vercors, brie de Meaux et comté)

Pour 8 personnes

20 g de levure boulangère, 20 cl de lait tiède, 10 cl d'eau tiède, 3 cuillères à soupe d'huile d'olive, 600 g de farine type 55, 2 cuillères à café de sel fin, 1 cuillère à soupe de sucre (facultatif)	**Garniture pour 2 personnes 100 g de tomates concassées fraîches, 60 g de brie de Meaux, 20 g de bleu du Vercors, 20 g de comté, 10 g de cerneaux de noix écrasés, 1 pincée de cumin, 15 g de beurre, thym, laurier, sel, *pm**

Délayer la levure avec deux à trois cuillerées à soupe de lait tiède. Ajouter les ingrédients dans l'ordre établi ci-dessus et mélanger jusqu'à obtention d'une boule homogène.

Pétrir sur le plan de travail légèrement fariné pendant 2 à 3 min.

Laisser reposer la pâte environ 1 h à température ambiante recouverte d'un linge humide.

Fariner le plan de travail, étaler la pâte au rouleau et la disposer sur la plaque du four recouverte d'un papier sulfurisé.

Monder, peler, épépiner et concasser les tomates.

Les cuire dans un peu de beurre, sel, poivre, thym et laurier jusqu'à évaporation totale de l'eau de végétation, enlever le thym et le laurier et laisser refroidir.

Étaler la concassée sur la pâte.

Répartir dessus les fromages.

Saupoudrer avec les cerneaux de noix écrasés et les graines de cumin.

Cuire au four très chaud (250 à 300 °C pendant 5 min).

Mignon de veau de lait au Saint-Paulin crémé à la bière

Pour 4 personnes

600 g de filet de veau ou quasi,
100 g de beurre clarifié,
1/2 cuillère à soupe de crème épaisse,
20 cl de crème liquide,
1 jaune d'œuf,
1 Saint-Paulin,
25 cl de bière cervoise,
2 petites échalotes,
1 cuillère à soupe de ciboulette,
sel, poivre, muscade, *pm

Retirer la croûte du fromage et le couper en petits morceaux. Séparer le jaune d'œuf du blanc, ajouter la demi-cuillerée à soupe de crème fraîche, 25 cl de bière et terminer par le fromage.
Mélanger bien l'ensemble, poivrer et réserver au réfrigérateur.

Sauce
Éplucher et ciseler finement les échalotes, les faire revenir sans coloration dans le beurre, ajouter le reste de bière, réduire de moitié, verser les 20 cl de crème liquide, réduire légèrement jusqu'à l'obtention d'une sauce nappante.
Assaisonner.
Détailler le filet de veau en petits grenadins (tranches épaisses de 3 à 4 cm), cuire dans le beurre clarifié 4 à 5 min sur chaque face, laisser reposer après cuisson en les maintenant au chaud entre deux assiettes.
Mettre le four sur la position « grill », répartir la farce au fromage sur chaque grenadin et dorer uniformément (coloration blonde).
Dresser sur assiette les grenadins gratinés, napper d'un cordon de crème à la bière et parsemer de ciboulette.

Tuile au fromage
Préchauffer le four à 200° C. Râper le fromage, l'étaler en cercle de 4 à 5 cm de diamètre. Cuire jusqu'à coloration blonde. A la sortie du four, laisser sécher quelques instants, décoller à l'aide d'une patule, placer sur un rouleau à pâtisserie. Faire sécher.

Conseil du chef
Vous pouvez accompagner ce plat de côtes de blettes cuites dans le lait et passées légèrement au beurre, et d'une pointe d'ail haché, bien assaisonner.

Escalope farcie façon cordon bleu au Kiri

Pour 2 personnes

2 escalopes de volaille,
40 g de Kiri,
2 tranches de jambon braisé fumé,
2 œufs,
mie de pain émiettée,
huile, farine,
poivre, *pm,
1/2 citron,
15 g de beurre

Bien aplatir les escalopes, poivrer.
Tartiner chaque escalope avec le fromage et poser dessus une tranche de jambon.
Plier les escalopes en deux, les passer successivement dans la farine et les œufs battus, puis dans la mie de pain.
Les quadriller sur le premier côté de cuisson. Réserver au frais.
Les cuire dans une poêle antiadhésive avec l'huile chaude 3 min sur chaque face.
Vérifier la cuisson avec une lame de couteau (le jus doit être transparent).
Présenter avec une tranche de citron cannelée.

Cuisses de lapin, bulbe de fenouil au banon

Pour 4 personnes

4 cuisses de lapin,
10 cl d'huile d'olive,
1 oignon,
1 cuillère à soupe de sarriette,
150 g de picholines (petites olives),
2 tomates,
4 bulbes de fenouil,
40 g de beurre,
1/2 botte de basilic,
100 g de banon

Faire dorer les cuisses de lapin à l'huile d'olive.
Laver le fenouil et le couper en dés.
Émincer l'oignon. Laver les tomates, les peler et les couper en morceaux.
Disposer sur une feuille de papier aluminium les cuisses de lapin, le fenouil, l'oignon, les tomates, les picholines, le basilic, le beurre.
Assaisonner, fermer la papillote, cuire 40 min (attention à la vapeur en ouvrant la papillote).
Servir sur un plat chaud et parsemer de copeaux de parmesan.

Rôti de canard, crème au picodon, polenta et poires au vin

Pour 2 personnes

**300 g de rôti de canard,
1/4 de picodon
(ou rocamadour),
20 cl de fond de volaille,
10 cl de crème fraîche,
romarin, *pm,
60 g de polenta,
25 cl de lait,
70 g de beurre,
1 poire,
50 cl de vin corse,
1/2 orange, 1/2 citron,
cannelle, *pm, 100 g de sucre**

Rôtir le canard au four 190 °C (th. 6).
Préparer le fond de volaille et le filtrer.
Laisser réduire, ajouter le fromage (picodon ou rocamadour) et ajouter la crème. Assaisonner.
Cuire la polenta (voir les conseils au dos de l'emballage), la débarrasser dans une plaque beurrée, laisser refroidir.
Détailler en carrés, triangles ou autres formes et passer à la poêle dans du beurre de façon à bien les dorer uniformément.
Cuire la poire dans le vin avec le sucre, les agrumes et les épices.
Dresser le canard sur un plat, napper de sauce.
Ajouter la polenta et la demi-poire au vin.

Croustillant de cousteron aux lardons et pruneaux

Pour 4 personnes

4 feuilles de brick,
80 g de cousteron,
40 g de lardons,
20 g de beurre,
1/2 cuillère à soupe d'huile,
4 pruneaux dénoyautés

Fondre le beurre.
Retirer la croûte du fromage, le détailler en lamelles.
Faire revenir les lardons dans un peu de beurre et d'huile, les saisir rapidement, les égoutter sur du papier absorbant.
Couper les pruneaux en petits morceaux.
Préchauffer le four à 200 °C (th. 6-7).
Badigeonner les feuilles de brick de beurre fondu sur les deux faces, placer au centre les lamelles de fromage, les lardons, les pruneaux, refermer la feuille en la pliant en quatre (forme portefeuille).
Mettre au four sur une plaque et cuire 4 à 5 min.
Servir avec une salade verte ou bien les réaliser en plus petites pièces pour les servir en amuse-bouche.

Filet de porc à la raclette et aux kiwis frais

Pour 4 personnes

6 à 8 tranches de raclette,
2 oignons,
800 g de filets de porc,
2 kiwis,
1 verre de porto,
sel, poivre,*pm

Faire revenir les oignons dans du beurre.
Découper les filets de porcs en tranches de 3 cm, saler, poivrer et les griller dans une poêle.
Tourner les filets, les garnir d'une tranche de kiwi (1 cm) et d'une tranchette de raclette et laisser encore griller le tout.
Après 3 min, verser le porto et retirer la poêle du feu quand le fromage est fondu.
Servir les filets de porc chauds accompagnés de la sauce au porto.

Émincé de poulette et riz crème de munster

Pour 4 personnes

150 g de munster,
80 g d'oignons,
80 g de poireaux + 1 (décoration),
30 cl de crème liquide,
5 cl de vin blanc sec,
200 g de riz rond,
400 g de blanc de poulette,
30 g de farine,
3 cl d'huile d'arachide,
sel, poivre,
persil plat, *pm

Hacher l'oignon, émincer le poireau et mettre dans une casserole avec la crème et le vin blanc.
Laisser cuire 8 min, ajouter le munster coupé en dés, laisser fondre et mélanger.
Couper le poireau pour la présentation en rondelles et cuire à l'eau salée 18 min.
Bien égoutter le riz, mettre dans une casserole et ajouter la moitié de la sauce, mélanger.
Couper en petits morceaux longs le blanc de poulette, saler et poivrer, fariner et poêler à l'huile.
Dresser le riz au milieu de l'assiette, disposer dessus la volaille poêlée avec les ronds de poireaux cuits.
Verser le reste de la sauce autour, décorer avec le persil plat.

Figues farcies au chavroux

Pour 4 personnes

200 g de chavroux,
12 à 16 figues mûres,
50 noix de cajou,
confiture au gingembre,
poivre, *pm

Laver les figues, couper le haut des figues et enlever la pulpe à l'aide d'une cuillère (sans endommager la pelure).
Concasser les noix de cajou et les griller dans une poêle. Les mélanger avec le chavroux et la pulpe et verser le tout dans les figues vidées. Avant de remettre le chapeau, rajouter une cuillerée à café de confiture de gingembre et du poivre.
Servir les figues avec du pain aux noix.

Chaussons à la tourrée de l'Aubier

Pour 4 personnes

150 g de tourrée de l'Aubier,
200 g de jambon de Parme,
1/2 pot de crème,
1 jaune d'œuf,
sauge, *pm,
1 pâte feuilletée,
sel, poivre, muscade, *pm

Battre le jaune d'œuf avec la crème, incorporer la tourrée, le jambon et les épices.
Étaler la pâte sur un plan de travail fariné, la conserver assez épaisse (environ 3 mm) et y couper des disques de 10 à 12 cm de diamètre.
Répartir la farce au fromage avec une cuillère à soupe, sur la moitié de chaque disque.
Rabattre l'autre moitié sur la garniture pour obtenir un chausson et presser avec les doigts pour souder les bords.
Dorer le dessus à l'œuf et cuire à four chaud 180 °C environ 25 min.
Servir chaud avec un verre de riesling.

Purée au pont-l'evêque

Pour 4 personnes

350 g de pommes de terre,
40 cl de crème liquide,
50 g de beurre,
150 g de pont-l'évêque,
fleur de sel,
poivre, gros sel, *pm

Purée
Éplucher, laver et cuire les pommes de terre à l'anglaise ou en robe des champs.
Égoutter, réduire en purée, ajouter le beurre.
Ajouter la crème et faire réduire le tout à feu très doux jusqu'à ce que la purée reprenne sa consistance (environ 30 min).
Écroûter le fromage et le tailler en lamelles.
Ajouter les lamelles de pont-l'évêque, en réserver pour faire gratiner.
Mélanger régulièrement afin d'éviter un attachement au fond du récipient.
Assaisonner si besoin.

Pain grillé aux champignons à la raclette

Pour 4 personnes

8 tranches de raclette,
8 tranches de pain grillé,
50 g de beurre,
1 oignon moyen,
600 g de champignons frais,
8 cuillères à soupe de sherry,
8 cuillères à soupe de crème liquide,
persil, sel, poivre, *pm

À l'aide d'un couteau tranchant, découper des morceaux de pain grillé.
Nettoyer les champignons et les découper en petits morceaux.
Ciseler l'oignon en petits dés, les faire revenir dans du beurre, ajouter les champignons et faire cuire jusqu'à évaporation totale de leur eau de végétation.
Ajouter le sherry et la crème, saler, poivrer et remuer encore à feu doux.
Mélanger avec le persil et conserver le tout au chaud.
Enduire le haut et la tranche des morceaux de pain grillé avec du beurre et les faire revenir dans une poêle.
Tourner les cœurs et les couvrir de champignons chauds et d'une tranchette de raclette.
Retirer la poêle du feu quand le fromage est fondu.
Servir chaud.

Tartiflette traditionnelle au reblochon

Pour 2 personnes

500 g de pommes de terre (fermes),
100 g de lardons fumés,
1/2 reblochon,
15 g de beurre,
30 g d'oignons,
sel, poivre, *pm

Laver et cuire les pommes de terre en robe des champs à l'eau bouillante salée pendant 15 min. Les égoutter et les laisser tiédir.
Beurrer un plat à four rond ou ovale.
Faire chauffer le reste du beurre dans une poêle, faire revenir les lardons 2 à 3 min à feu moyen et les oignons.
Peler puis couper les pommes de terre en rondelles et les disposer dans le plat, répartir les lardons et les oignons, saler légèrement et poivrer.
Écroûter le reblochon, le poser soit entier sur un plat rond ou coupé en deux dans l'épaisseur sur un plat ovale. Dans ce cas, diminuer l'épaisseur des pommes de terre.
Cuire 25 min environ jusqu'à ce que le fromage soit fondu et coule sur les pommes de terre.
Servir aussitôt.

Plat complet s'accompagnant d'une salade. Les lardons peuvent être remplacés par du poisson.

Blanquette de veau au vacherin

Pour 4 personnes

800 g d'épaule de veau,
1 vacherin,
1/4 de céleri branche,
1/4 d'oignon,
1 gousse d'ail,
1/2 blanc de poireau,
ciboulette,
poivre, *pm,
35 g de beurre,
35 g de farine,
1 carotte,
1 clou de girofle,
1/4 de bouquet garni,
100 g de crème,
sel, gros sel, *pm

Blanchir la viande, préparer les légumes et rafraîchir la viande.
Mettre en cuisson la viande et les légumes, porter à ébullition, écumer.
Cuire entre 1 h et 1 h 15.
Faire le roux.
Décanter la viande, filtrer le jus, garder les carottes et les tailler en bâtonnets.
Lier le jus avec le roux et laisser cuire 10 à 15 min.
Incorporer hors du feu le vacherin écroûté.
Terminer par la crème et vérifier l'assaisonnement.
Ajouter la viande, dresser et parsemer de ciboulette.

Carré d'agneau en croûte de laguiole

Pour 4 personnes

8 côtes d'agneau (carré),
chapelure, *pm,
200 g + 50 g de laguiole,
1/2 botte de persil,
1/2 botte de ciboulette,
5 cl de crème liquide,
1 cuillère à soupe d'huile,
20 g de beurre,
sel, poivre, *pm

Laver les herbes, les hacher finement, couper le fromage en lamelles.
Préchauffer le four à 240 °C.
Dans une sauteuse, faire revenir le carré d'agneau sur toutes les faces. Saupoudrer de chapelure, ajouter les herbes hachées et les lamelles de laguiole, mélanger de manière à ce que la viande soit totalement recouverte, placer le carré dans un plat allant au four.
Récupérer le fromage et les herbes qui restent au fond de la sauteuse, en parfaire l'enrobage du carré.
Cuire au four 10 à 15 min.
Au terme de la cuisson, laisser reposer le carré 10 min environ dans le four éteint, porte ouverte.
Découper le carré, servir avec des petits légumes glacés (carottes, navets, oignons) et une petite sauce crémée au laguiole.
Choisir le laguiole plutôt jeune pour qu'il fonde parfaitement bien.

Côte de veau au pont-l'évêque

Pour 4 personnes

4 côtes de veau (filet),
40 g + 15 g de beurre,
1 cuillère à soupe d'huile,
5 cl crème épaisse,
sel, poivre, *pm,
5 cl de vin blanc,
1 cuillère à soupe de fond de veau,
80 g de pont-l'évêque

Fondre le beurre et l'huile dans une poêle, bien saisir les côtes.
Assaisonner et les placer dans un plat à four. Réserver.
Réhydrater le fond de veau avec 10 cl d'eau (eau à ébullition + fond).
Dégraisser la poêle, ajouter le vin blanc, faire réduire, verser le fond de veau et réduire à nouveau, ajouter la crème.
Puis terminer avec les 15 g de beurre et mélanger sur un feu doux.
Vérifier l'assaisonnement.
Retirer la croûte du pont-l'évêque, le tailler en lamelles, les placer sur les côtes de veau et passer au four pour gratiner.
Servir la sauce et accompagner d'une purée de pommes de terre.

Pavé de bœuf au livarot

Pour 4 personnes

4 x 170 g de pavés de bœuf (faux filet),
40 g de beurre,
100 g de livarot,
10 cl de fond de volaille,
5 cl de crème fraîche,
sel, poivre, *pm,
1 pincée de ciboulette

Poêler les pavés dans le beurre bien chaud, les saisir et cuire selon vos appoints de cuisson souhaités (bleu, saignant, à point, bien cuit).
Écroûter le fromage et le couper en petits morceaux.
Dégraisser la poêle, déglacer avec le fond de volaille, ajouter le livarot.
Fondre doucement, incorporer la crème fraîche et laisser réduire pour faire épaissir légèrement la sauce.
Vérifier l'assaisonnement et napper de sauce les pavés, parsemer d'une pincée de ciboulette ciselée.

Conseil
Choisir un livarot assez affiné pour permettre une meilleure fonte.

Gratin de brocolis au bleu de Gex

Pour 4 personnes

2 bouquets de brocolis,
30 g de beurre,
30 g de farine,
50 cl de lait entier,
120 g de bleu de Gex,
sel, poivre, *pm

Préparer les brocolis (couper les bouquets, les troncs, les laver).
Les précuire à la vapeur en les gardant légèrement croquants.
Porter le lait à ébullition.
Fondre le beurre, ajouter la farine, cuire 1 à 2 min en mélangeant.
Laisser refroidir, ajouter le lait chaud et mélanger jusqu'à la reprise de l'ébullition, cuire quelques minutes, assaisonner.
Découper le bleu en cubes et l'ajouter dans la béchamel.
Préchauffer le four à 180 °C (th. 5-6).
Beurrer un plat allant au four, y placer les brocolis précuits, napper de sauce et passer au four 10 à 15 min.

Quasi de veau braisé aux épices, gratin de topinambours à la tomme

Pour 4 personnes

600 g de quasi de veau,
40 g de beurre,
2 cl d'huile,
2 échalotes,
1/2 carotte,
1 gousse d'ail,
4-épices, *pm,
thym, laurier, *pm,
parures de veau ou os, *pm,
8 cl de vin blanc,
700 g de topinambours,
30 cl de lait,
25 cl de crème liquide,
80 g de tomme,
sel, poivre, muscade, *pm,
1/2 citron

Parer légèrement le quasi. Éplucher, laver et tailler les légumes en morceaux.
Préchauffer le four à 200 °C. Faire chauffer (20 g) le beurre et l'huile, ajouter la viande, la saisir rapidement sur les deux faces, la saupoudrer des 4-épices. La retirer, ajouter la garniture, les parures et les os.
Faire revenir 4 à 5 min, déglacer les sucs avec le blanc.
Réduire 2 à 3 min, remettre la viande assaisonnée sur la garniture. Couvrir et cuire au four à 190-200 °C pendant 45-50 min.
Éplucher, laver les topinambours, les mettre dans l'eau citronnée. Les tailler en rondelles assez fines et les pocher dans le lait (sel, poivre, muscade) pendant 20 min.
Puis les mettre dans un plat à gratin en alternant les couches avec la crème et la tomme.
Cuire au four à 160 °C pendant 45 min.
Sortir la viande. Laisser reposer 15 à 20 min dans le four éteint. Filtrer le jus de cuisson, le laisser réduire et monter avec 20 g de beurre. Vérifier l'assaisonnement.
Trancher la viande, servir avec le jus et le gratin.

Vous pouvez accompagner ce plat avec des endives braisées, des tomates cocktail au four (avec huile d'olive, fleur de thym, fleur de sel).

Poissons

Filet de turbot au camembert

Pour 4 personnes

**600 g (net) de turbot (filet),
10 cl de cidre,
80 g de crème fraîche,
100 g de beurre,
150 g d'épinards,
1/2 camembert,
2 tranches de
poitrine fumée,
120 g de champignons,
15 cl de fond de volaille,
1 cuillère à soupe
de moutarde de Meaux,
sel, poivre, *pm,
1 crépine à partager en quatre**

Faire lever le turbot en filets par votre poissonnier. Équeuter, laver, essorer les épinards et les champignons. Tremper la crépine dans l'eau froide et la rincer avant utilisation.
Couper les champignons, la poitrine fumée, le camembert en dés de 5 à 7 mm. Faire fondre 20 g de beurre et saisir les lardons, puis les rendre croustillants.
Ajouter les champignons, cuire 2 min. Incorporer la crème fraîche, faire réduire de moitié puis ajouter les épinards, cuire rapidement. Laisser refroidir, terminer par les morceaux de camembert, assaisonner.
Préchauffer le four à 200 °C (th. 7).
Faire fondre 15 g de beurre. Prendre les filets de turbot, recouvrir un côté du mélange précédent en l'étalant à l'aide d'une cuillère ou spatule.
Étaler les crépines puis badigeonner de beurre fondu et déposer sur chacune le filet de turbot recouvert de la préparation. Les envelopper dans la crépine et les placer dans un plat à four (éviter de les superposer).
Verser le cidre et le fond de volaille et cuire 8 à 10 min.
Maintenir le poisson au chaud et filtrer le jus de cuisson dans une casserole. Réduire de moitié puis incorporer petit à petit le beurre bien froid coupé en petits morceaux.
Hors du feu, ajouter la moutarde, mélanger. Vérifier l'assaisonnement.
Mettre le poisson sur assiette, napper d'un cordon de sauce autour.

Conseil
Vous pouvez utiliser d'autres poissons blancs comme le cabillaud, la raie.

Filet de merlan gratiné au chèvre frais et ciboulette

Pour 2 personnes

2 filets de merlan,
15 g de beurre,
60 g de chèvre frais,
2 cuillères à soupe de ciboulette,
sel, poivre, *pm

Faire fondre le beurre et beurrer la plaque du four. Assaisonner les filets de merlan, les déposer sur la plaque. Les précuire 3 à 4 min au four à 200 °C.
Malaxer le fromage de chèvre avec la ciboulette ciselée, assaisonner.
Mettre le four en position gril.
Recouvrir les filets avec le fromage et passer sous le gril 5 à 6 min.
Présenter sur assiette chaude, accompagné de tagliatelles aux épinards ou d'un riz pilaf aux légumes.

Pavé de cabillaud en écailles d'andouille, crème de saint-marcellin

Pour 4 personnes

4 pavés de cabillaud de 150 g,
12 tranches d'andouille,
1 saint-marcellin de 100 g,
15 cl + 60 cl de crème liquide,
10 cl de fond de volaille,
150 g + 80 g de beurre,
700 g de pommes de terre,
poivre, sel, *pm, gros sel, *pm
1 crépine,
cerfeuil, ciboulette,

Prendre une grande casserole, y ajouter de l'eau chaude à la moitié et déposer les 150 g de beurre dans un saladier.
Placer ce dernier sur la casserole d'eau et faire fondre doucement. Ensuite, retirer l'écume blanche à l'aide d'une cuillère à soupe, le beurre clarifié est prêt pour son utilisation (ne pas utiliser le petit lait qui se situe au fond du récipient).
Demander à votre poissonnier de vous couper quatre pavés de cabillaud bien épais, retirer les arêtes à l'aide d'une pince à épiler, assaisonner légèrement les pavés, les recouvrir avec trois tranches d'andouille chacun et les envelopper dans la crépine préalablement trempée dans l'eau froide. Réserver au frais.
Éplucher, laver, couper les pommes de terre en morceaux, les cuire à l'eau bouillante salée jusqu'à ce qu'elles se détachent, les passer au moulin à purée, ajouter la crème et le beurre et faire réduire à feu doux 30 à 40 min en mélangeant régulièrement jusqu'à ce que l'ensemble ait repris une consistance onctueuse. Assaisonner.
Couper le saint-marcellin et le faire fondre dans une casserole à fond épais en le mélangeant, puis incorporer la crème fraîche.
Laisser réduire à feu doux, assaisonner (détendre la sauce éventuellement avec un peu de fond ou de bouillon).
Faire chauffer le beurre clarifié dans une poêle, y déposer les pavés côté andouille, cuire de façon à obtenir une légère coloration blonde.
Les mettre dans un plat beurré et terminer la cuisson au four à 170 °C (th. 5-6) pendant 10 min environ.
Dresser sur assiette chaude, placer le pavé de cabillaud, napper d'un cordon de sauce au saint-marcellin, ajouter les pluches de cerfeuil et les brins de ciboulette, servir la purée à part.

Conseil
Choisir un saint-marcellin très crémeux pour permettre une bonne onctuosité de la sauce.

Gratin Terre et Mer au comté

Pour 2 personnes

300 g de carottes, **50 g (+ 20 cl d'eau) de semoule crue,** **200 g de poisson (julienne, cabillaud...),** **30 g de comté,** **5 g de beurre**	**Roux** **20 g de beurre,** **20 g de farine,** **30 cl de lait,** **sel, poivre,** **muscade, *pm**

Cuire les carottes coupées en rondelles 15 à 20 min (à la vapeur ou à l'eau bouillante salée). Porter le lait à ébullition.
Faire fondre les 20 g de beurre, ajouter la farine, mélanger et cuire 2 min à feu doux. Laisser refroidir.
Ajouter le lait sur le roux refroidi et mélanger en poursuivant la cuisson 10 min environ (amener à ébullition). Assaisonner.
Préchauffer le four à 180-190 °C (th. 5-6). Porter les 20 cl d'eau à ébullition et verser sur la semoule crue. Laisser gonfler et assaisonner.
Cuire le poisson au maigre (plaque de four beurrée légèrement et assaisonnement). Le temps de cuisson variera en fonction de l'épaisseur du filet de poisson.
Mettre les carottes dans le plat à gratin, ajouter la semoule réhydratée, le poisson émietté et napper de béchamel.
Parsemer le comté râpé. Mettre au four à gratiner 10 min environ.

Dos de saumon rôti, tian de courgettes et tomates au beurre d'herbes et à l'Ossau Iraty

Pour 2 personnes

**280 g de saumon en pavés (avec peau),
75 g de beurre,
1 petite courgette,
2 petites tomates,
50 g de beurre,
1/2 cuillère à soupe de ciboulette,
1/2 cuillère à soupe de persil,
1/2 cuillère à soupe d'estragon,
1/2 cuillère à soupe de cerfeuil,
1 échalote,
2 cuillères à soupe de crème fraîche,
30 g d'Ossau Iraty,
5 cl de vin blanc,
1 cuillère à soupe d'huile, sel, poivre, fleur de sel, *pm**

Laver la courgette, couper les extrémités et les détailler en rondelles pas trop fines. Retirer les pédoncules des tomates et les laver.
Les couper en tranches assez épaisses.
Beurrer un plat, disposer six rondelles de courgette et six de tomates en les intercalant, assaisonner. Préchauffer le four à 180-190 °C, cuire 15 min environ.
Sortir le beurre à température ambiante, le malaxer en pommade et ajouter les herbes lavées et hachées finement.
Le façonner en forme de rouleau, l'envelopper dans du papier film et le mettre au frais.
Ciseler une échalote. Ajouter le vin blanc, faire réduire en gardant la valeur d'une cuillère à soupe. Incorporer la crème fraîche, porter à ébullition et monter au beurre d'herbes en l'ajoutant petit à petit en mélangeant à feu doux. Réserver éventuellement au bain-marie.
Cuire le saumon côté peau dans le beurre et l'huile. Assaisonner et finir la cuisson au four 8 à 10 min.
Terminer le tian [1] de courgettes et de tomates en parsemant d'Ossau Iraty.
Faire fondre le fromage.
Servir sur assiette, placer le tian [1], le dos de saumon et napper d'un cordon de beurre d'herbes autour. Décorer avec des herbes.

1. Le Tian est une spécialité niçoise constituée soit de sardines, de courgettes, d'aubergines, etc., dressées en couches dans un plat en terre et cuites au four.

Blanc de cabillaud au lait fumé, croûte d'emmental miellée, méli-mélo de légumes

Pour 4 personnes

600 g de cabillaud (filets),
75 cl de lait entier,
2 gousses d'ail,
4 tranches épaisses de poitrine fumée,
60 + 40 g de beurre,
1 cuillère à soupe de miel toutes fleurs,
40 g d'emmental râpé,
50 g de chapelure,
1 carotte, 1 courgette,
2 citrons verts,
40 g de crème fraîche,
thym, *pm,
50 g de beurre,
sel, poivre, *pm

Beurre miellé
Beurre pommade + chapelure + emmental râpé + miel + poivre.
Mixer et rouler la préparation dans du papier film. Réserver au frais.

Tailler les légumes en julienne. Les suer au beurre et cuire à feu doux quelques minutes.
Préparer le lait fumé : porter le lait à ébullition, ajouter l'ail épluché, le lard et infuser 15 min environ.
Saler et poivrer.
Préparer le lieu jaune (fileter, désarêter, peau à retirer).
Presser les citrons verts et ajouter la crème, le thym.
Porter à ébullition et monter au beurre.
Mettre le four en position grill.
Pocher le cabillaud dans le lait fumé, égoutter sur un linge.
Détailler en rondelles le beurre miellé et le placer sur le cabillaud.
Passer sous le gril du four.
Dresser le méli-mélo de légumes. Placer dessus le poisson et napper d'un cordon de sauce.

Saint-pierre braisé au cidre, sauce légère au brie

Pour 2 personnes

2 filets de 130 g de saint-pierre,
20 g de beurre,
30 cl de cidre,
1 pomme,
1 échalote,
10 cl de crème liquide,
1/4 de brie,
sel, poivre, *pm,
persil plat, *pm

Lever le saint-pierre en filets. Éplucher et ciseler l'échalote.
Préchauffer le four à 190-200 °C (th. 6). Écroûter le brie, le couper en petits morceaux.
Beurrer un plat à four, assaisonner, y mettre l'échalote ciselée et disposer le saint-pierre. Mouiller avec le cidre et cuire 5 à 7 min.
Filtrer le jus de cuisson, le faire réduire, ajouter la crème.
Donner un bouillon et mettre le brie.
Faire fondre doucement en fouettant et réduire légèrement, assaisonner.
Éplucher la pomme, la faire sauter dans le beurre.
Dresser sur assiette chaude.

Papillote de truite au cantal jeune

Pour 2 personnes

1 courgette,
1 cantal jeune,
30 g de petits pois frais,
2 filets de truite saumonée,
1/4 de poivron rouge,
1/4 de poivron vert,
2 cuillères à soupe de persil haché,
1/2 cuillère à soupe de beurre mou,
papier sulfurisé

Cuire les petits pois dans de l'eau bouillante salée, les égoutter 1 min.
Couper la courgette, le cantal et les poivrons en fines lamelles.
Beurrer six feuilles à papillotes.
Placer le poisson et de la garniture. Terminer par le cantal.
Fermer les papillotes, cuire 20 min au four à 200° C (th. 6).
Prendre garde à la vapeur brûlante qui s'échappera à l'ouverture des papillotes.

Rôti de lotte farci à la faisselle et au beaufort

Pour 4 personnes

1 queue de lotte de 1 kg,
125 g de faisselle,
10 tranches de poitrine fumée,
100 g de beaufort,
4 feuilles de choux,
1 grosse carotte,
2 échalotes,
2 cuillères à soupe de chapelure,
1 pincée de piment de Cayenne,
huile de tournesol, *pm,
20 g de beurre,
sel, poivre, *pm

Faire égoutter le plus possible le fromage blanc en faisselle, le mettre dans un saladier avec la chapelure et le fromage de chèvre râpé.
Éplucher la carotte, la couper en dés les plus fins possible, les blanchir quelques secondes dans l'eau bouillante et égoutter.
Laver les feuilles de chou, retirer la côte centrale épaisse, les plonger quelques minutes dans une casserole d'eau bouillante salée, les passer sous l'eau froide, les égoutter et en hacher quatre. Éplucher et hacher les échalotes.
Mélanger chou, carotte, échalotes au fromage blanc.
Retirer délicatement l'os de la lotte, le remplacer par la farce au fromage.
Refermer et envelopper la lotte avec les tranches de lard en les faisant se superposer ; mettre des tranches de lard aux deux extrémités pour bien enfermer la farce, la ficeler comme un rôti.
Faire chauffer beurre et huile dans une cocote, y faire dorer la lotte de tous les côtés, continuer la cuisson en la retournant de temps en temps, compter 20 min.
Retirer la lotte de la cocotte, la poser dans un plat allant au four, laisser tiédir.
Détailler le beaufort en lamelles les plus longues possible, les glisser sous les tranches de lard tout autour de la lotte.
Passer à four chaud le temps de faire fondre le fromage.
Remettre sur le feu la cocote où a cuit la lotte, déglacer le fond avec un peu d'eau chaude, réduire, vérifier l'assaisonnement et dresser sur un plat bien chaud.

Blanc de merlan en croûte d'emmental, sauce au citron vert

Pour 2 personnes

2 filets de merlan de 140 g,
1/2 courgette,
1 petite carotte,
1 citron vert,
110 g (10 + 10) de beurre,
1 cl d'huile,
45 g de chapelure,
25 g d'emmental râpé,
1/2 cuillère à soupe de miel,
1/2 cuillère à soupe de crème liquide,
sel, poivre, *pm,
1 brin de thym,
farine, *pm

Beurre composé
Mélanger le beurre en pommade (50 à 60 g), la chapelure, l'emmental et le miel, saler et poivrer.
Rouler la préparation dans un papier film et mettre au frais.

Éplucher la carotte, la laver ainsi que la courgette et les tailler en julienne.
Fondre du beurre (10 g) dans une casserole, ajouter les légumes, les faire suer sans coloration, ajouter trois à quatre cuillerées à soupe d'eau, assaisonner, cuire 5 à 6 min.
Cuire les filets de merlan préalablement assaisonnés et farinés dans du beurre et de l'huile.
Disposer sur un plat ou une assiette les filets, ajouter la julienne de légumes, le beurre composé coupé en tranches et passer sous le gril quelques instants.
Presser le citron vert, mettre le jus dans une casserole, ajouter la crème, un peu de thym émietté, porter à ébullition, ajouter petit à petit le reste du beurre (50 à 60 g) coupé en petits morceaux en mélangeant à feu doux, assaisonner.
Dresser sur assiette chaude en nappant d'un cordon de sauce au citron vert.

Fromages ou desserts

Curé Nantais au caramel poivré

Pour 2 personnes

**4 lamelles de fromage du curé,
2 tartines,
40 g de beurre,
30 g de sucre,
1 cuillère à soupe de jus de citron,
poivre mignonnette, *pm,
30 g de salade panachée,
1 cuillère à soupe vinaigre de xérès,
2 cuillères à soupe d'huile de noix,
1 cuillère à soupe d'huile d'arachide,
sel, poivre, *pm**

Réaliser un caramel (beurre et sucre) avec du jus de citron.
Décuire le caramel avec de l'eau, ajouter la mignonnette.
Réaliser la vinaigrette (vinaigre + sel + poivre + huile).
Préchauffer le four en position grill.
Écroûter le fromage. Couper quatre lamelles.
Les placer sur les tartines prégrillées (un seul côté).
Faire fondre le fromage puis napper avec le caramel à la sortie du four.
Placer la salade sur l'assiette, l'assaisonner, placer les tartines sur la salade.

Brie de Melun pané aux noix et lardons, giboulée de raisins frais

Pour 2 personnes

100 g de brie de Melun,
1 cuillère à soupe de farine,
1 œuf,
1 cuillère à soupe d'huile de noisette,
1 cuillère à soupe de lait,
25 g de noix concassées,
10 g + 10 g de beurre,
30 g de lardons,
10 grains de raisins frais,
50 g de mesclun,
huile d'arachide, *pm

Vinaigrette
1 cuillère à soupe de vinaigre de xérès,
3 cuillères à soupe d'huile de noisette,
sel, poivre, *pm

Battre l'œuf en omelette, ajouter une cuillerée à soupe d'huile de noisette et le lait, mélanger l'ensemble.
Blanchir les lardons, les égoutter, les rafraîchir et les sauter au beurre (10 g).
Éponger sur du papier absorbant.
Mixer les lardons préalablement bien égouttés, ajouter les cerneaux de noix.
Couper le brie en tranches, le rouler dans la farine, puis dans l'anglaise et terminer par la chapelure de noix et lardons.
Éplucher les grains de raisins, faire fondre du beurre et les rouler sans coloration.
Confectionner la vinaigrette dans un saladier en ajoutant le vinaigre de xérès, le sel et le poivre.
Mélanger bien pour dissoudre le sel, émulsionner avec l'huile de noisette.
Chauffer l'huile d'arachide dans un récipient à bords hauts.
Frire le brie jusqu'à coloration blonde.
Égoutter sur papier absorbant et dresser sur un lit de salade, accompagné de la giboulée de raisins.

Croustillant de camembert aux pommes

Pour 2 personnes

2 feuilles de brick,
10 g + 10 g de beurre,
1/2 pomme,
2/6 d'un camembert,
30 g de mesclun,
vinaigrette (vinaigre de xérès, huile de noix, sel, poivre)

Préchauffer le four à 210 °C (th. 6-7).
Fondre les 10 g de beurre.
Éplucher la pomme, la couper en petits cubes, les faire sauter au beurre et égoutter sur papier absorbant.
Écroûter le camembert.
Badigeonner de beurre fondu la feuille de brick et répartir le camembert en lamelles, ajouter les cubes de pomme, plier façon portefeuille.
Badigeonner le dessus de beurre, enfourner. Cuire 4 à 5 min.
Servir sur un mesclun.

Brie aux noix sur sa julienne d'endives

Pour 2 personnes

200 g de brie de Melun,
15 noix,
2 endives,
1/2 cuillère à soupe de vinaigre de xérès,
2 cuillères à soupe d'huile de noix,
sel, poivre, *pm,
1 cuillère à soupe de ciboulette,
1/2 citron

Fendre le brie en deux dans la moitié, horizontalement.
Décortiquer les noix, les concasser et les répartir sur la face inférieure du brie, recouvrir avec l'autre face. Réserver au frais (le farcir la veille serait mieux).
Éplucher les endives, les laver, les tailler en julienne, les éponger, les citronner et assaisonner avec de la vinaigrette.
Dresser sur assiette la julienne d'endives, parsemer le restant des noix, disposer le brie. Ajouter la ciboulette.
Accompagner avec une flûtine ou un pain épi.

Craquant à la mangue, sauce fromage blanc à l'orange

Pour 2 personnes

Appareil à tuiles (pour 4 personnes)
50 g de farine fluide,
80 g + 10 g de beurre,
2 blancs d'œufs,
1 pincée de sel,
60 g de sucre glace,
40 g d'amandes effilées

4 boules de sorbet à la mangue,
125 g de fromage blanc,
1 cuillère à soupe de confiture d'oranges,
4 feuilles de menthe,
1 fruit de la passion

Faire fondre le beurre à feu doux.
Mélanger la farine et les blancs d'œufs, ajouter la pincée de sel, le sucre glace et le beurre fondu froid, mélanger énergiquement, ajouter les amandes et laisser reposer 1 h au frais.
Mixer le fromage blanc battu et la confiture d'oranges (amères si possible).
Ouvrir le fruit de la passion, retirer la pulpe et réserver au frais.
Préchauffer le four à 210 °C (th 7-8).
Beurrer la plaque du four à l'aide d'un pinceau, y déposer des petits tas de pâte à tuile, aplatir légèrement à l'aide d'une cuillère à soupe, enfourner 3 à 4 min.
Décoller à l'aide d'une spatule métallique et laisser refroidir.
Dresser sur assiette froide, poser une tuile, puis une quenelle de sorbet et renouveler une fois l'opération.
Disposer autour la sauce au fromage blanc, puis napper de pulpe de fruit de la passion et décorer d'une feuille de menthe.

Minestrone de fruits frais, quenelle de faisselle

Pour 4 personnes

Sirop
25 cl d'eau,
1 gousse de vanille,
40 g de sucre

1 banane,
1 kiwi,
1/2 mangue,
150 g de fraises,
150 g de framboises,
2 x 100 g de faisselle,
8 + 4 feuilles de menthe,
2 cuillères à soupe de citron,
1 citron vert

Égoutter les faisselles dans un récipient et réserver au frais.
Prélever le zeste du citron vert et le blanchir 2 à 3 min. Rafraîchir.
Dans une casserole, ajouter le sucre, l'eau et les gousses de vanille fendues. Porter à ébullition 5 min, retirer les gousses et les gratter à l'intérieur pour recueillir les grains (caviar).
Les ajouter au sirop, mélanger.
Laver la menthe, l'essorer et la ciseler pour l'ajouter ensuite dans le sirop à infuser. Réserver au frais.
Couper la mangue, la banane, le kiwi en petits dés de 5 mm, les ajouter au sirop refroidi.
Laver les fraises, les équeuter et en mixer la moitié avec la moitié des framboises.
Couper le reste en petits dés.
Ajouter la purée de fruits rouges préalablement filtrée dans le sirop.
Dresser dans une assiette creuse, mouler le fromage frais en forme de quenelles à l'aide de deux cuillères à soupe et décorer avec les zestes de citron vert et les feuilles de menthe.

Cervelle de canut miellée aux fruits secs

Pour 1 personne

100 g de fromage blanc égoutté, 1 cuillère à soupe de crème épaisse, 1 cuillère à soupe de sucre roux, 2 cuillères à soupe de miel, 1 cuillère à soupe de raisins blonds, 1/2 cuillère à soupe de noix, 1/2 cuillère à soupe d'amandes

Dans un saladier, verser le fromage blanc et la crème.
Fouetter énergiquement, ajouter le sucre, le miel et une partie des fruits secs concassés.
Mélanger à nouveau délicatement.
Réserver au frais.
Dresser sur une petite assiette ou en coupes, parsemer le reste de fruits secs sur le dessus.

À savoir
La cervelle de canut est avant tout un plat typique lyonnais. Elle se prépare surtout en entrée avec des échalotes, des herbes, du vinaigre, de l'huile d'olive, de l'ail, du sel et poivre.
La cervelle de canut tient son nom des ouvriers de la soie, ces ouvriers la dégustaient au petit matin accompagnée d'un verre de beaujolais.

Fromage blanc miellé aux bananes et raisins

Pour 1 personne

100 g de fromage blanc (à 40 %), 1 cuillère à soupe de miel d'acacia, 1/4 de banane, 1/2 cuillère à soupe de raisins secs blonds, 1 cuillère à soupe de sucre roux, feuilles de menthe, *pm, 1/2 cuillère à soupe de citron

Mettre le fromage blanc dans un cul de poule ou un saladier. Ajouter le miel, le sucre roux, mélanger bien l'ensemble.
Éplucher la banane, la citronner, la couper en morceaux, l'ajouter avec les raisins dans le fromage blanc, mélanger délicatement.
Servir en ramequin ou en coupe à glace. Décorer avec des feuilles de menthe.

Quenelles de chèvre glacées à l'angélique

Pour 4 personnes

35 cl de lait,
5 jaunes d'œufs,
100 g de sucre semoule,
50 g d'angélique confite,
1 gousse de vanille,
4 cl de pineau,
150 g de chèvre frais,
1/2 citron,
2 poires,
50 cl d'eau,
500 g de sucre,
10 g de beurre,
8 feuilles de menthe

Caramel
50 g de sucre,
1 cuillère à soupe d'eau,
1 cuillère à soupe de miel,
3 cl de crème,

Porter le lait à ébullition avec la gousse de vanille fendue. Clarifier les œufs, blanchir les jaunes avec le sucre, puis ajouter le lait.
Mélanger, filtrer et cuire à la « nappe ».
Tailler en petits cubes l'angélique et la mettre à mariner dans le pineau.
Écraser le fromage frais et l'ajouter dans la crème anglaise refroidie.
Mettre l'angélique égouttée et turbiner dans la sorbetière.
Préparer le sirop avec le jus de citron. Éplucher les poires, les pocher 20 min environ, laisser refroidir.
Émincer les poires en éventail, les dorer au beurre noisette.
Flamber au pineau.
Mettre le caramel en cuisson et le décuire avec la crème.
Dresser sur assiette.
Façonner des quenelles de glace de chèvre, placer les poires émincées, napper de sauce au caramel et décorer avec la menthe.

Mousse de fromage blanc aux amandes et aux fruits rouges

Pour 1 personne

65 g de fromage blanc (à 40 %),
10 g de sucre en poudre,
20 g de poudre d'amandes,
4 cl de crème liquide,
60 g de fruits rouges (de saison ou surgelés),
menthe, *pm

Mettre le fromage dans un cul de poule ou un saladier, ajouter le sucre, la poudre d'amandes.
Fouetter la crème à la consistance d'une chantilly et l'incorporer délicatement au mélange précédent. Répartir la préparation dans une coupe.
En fonction de la saison, pour des fruits frais, les laver et les équeuter, les couper en morceaux et les enfoncer légèrement dans la mousse. Pour des surgelés, les sortir la veille et procéder ainsi de la même façon.
Décorer avec la menthe. Servir frais.

Gratin d'agrumes, sabayon de Boursin au poivre et cannelle

Pour 3 personnes

2 oranges,
1 pamplemousse,
2 jaunes d'œufs,
25 g de sucre,
50 g de Boursin au poivre,
10 cl de crème fraîche,
1 pincée de cannelle

Peler à vif les agrumes. Prélever les segments d'oranges et de pamplemousse. Les placer dans un plat à oreilles ou une assiette creuse. Réserver du jus d'agrumes.
Clarifier les œufs. Les mettre dans une casserole avec le sucre et un peu de jus d'agrumes.
Faire chauffer la crème à feu doux, incorporer le Boursin au poivre et la cannelle.
Monter le sabayon au bain-marie (jaune d'œuf + sucre + jus d'agrumes) jusqu'à ce qu'il soit crémeux et onctueux. Ajouter la crème au fromage, mélanger.
Répartir l'appareil sur les agrumes. Mettre au four en position gril jusqu'à l'obtention d'une belle coloration.

Bavarois de faisselle aux fruits rouges

Pour 4 personnes

125 g de fromage blanc,
2 feuilles de gélatine,
2 cuillères à soupe de sucre semoule,
125 g de crème liquide,
125 g de fraises (en saison),
125 g de groseilles (en saison),
125 g de framboises (en saison),
ou 225 g de fruits rouges surgelés,
extrait de vanille, *pm

Faire ramollir les feuilles de gélatine en les immergeant dans l'eau froide. Mettre à chauffer un peu d'eau avec l'extrait de vanille, hors du feu, incorporer la gélatine (l'eau ne doit pas être bouillante).
Verser le fromage blanc et fouetter, réserver.
Monter la crème fleurette en chantilly, couper les fraises en petits dés. Incorporer le fromage blanc refroidi à la chantilly en soulevant délicatement. Ajouter les fruits.
Mouler et faire prendre au froid 3 à 4 h (réfrigérateur).

Hors saison, utiliser des poires, des kiwis, des pêches au sirop égouttées, des abricots au sirop, des bananes, des mangues, etc., mais pas d'ananas. Pour les fruits rouges surgelés, les sortir à l'avance, glacés ils durciraient trop rapidement l'appareil gélifié.

Tarte au fromage blanc et raisins secs

Pour 4 personnes

75 g de beurre,
1 blanc d'œuf,
1 jaune d'œuf,
1 petit œuf,
50 g de crème,
130 g + 20 g de farine,
50 g de raisins secs,
5 cl de rhum,
30 à 35 g de sucre glace,
50 g de sucre semoule,
30 à 35 g d'amandes,
200 g de fromage blanc

Beurrer et fariner le moule à tarte, le réserver au frais.
Mettre les raisins secs à macérer dans le rhum.
Faire la pâte sucrée aux amandes : travailler les 75 g de beurre, le sucre glace et la poudre d'amandes.
Ajouter l'œuf battu puis la farine (125 g), ne pas trop pétrir et réserver au froid dans un papier film pour éviter le croûtage.
Pour l'appareil à fromage blanc : blanchir le jaune d'œuf avec le sucre semoule et la farine (20 g), incorporer le fromage blanc et la crème fraîche.
Monter le blanc en neige et l'incorporer délicatement.
Étaler la pâte sucrée sur un plan de travail fariné, et la mettre dans le moule à tarte. La précuire 15 min.
Ensuite, parsemer le fond avec les raisins macérés et couler l'appareil au fromage blanc jusqu'aux deux tiers de la hauteur.
Cuire 50 min, démouler et laisser refroidir sur une grille.

Feuillantine de petits-suisses « Malo » aux fraises

Pour 4 personnes

1 pâte feuilletée (280 g),
2 boîtes de 6 de petits-suisses Malo,
5 cl de lait entier,
20 cl de crème liquide,
60 g de sucre glace,
1 gousse de vanille,
250 g de fraises,
4 bouquets de menthe,
1 œuf (dorure)

Détailler la pâte feuilletée en cercles de 10 cm de diamètre. Piquer à l'aide d'une fourchette. Mettre sur plaque.
Réserver au frais.
Travailler le petit-suisse (type Malo) avec le lait, le sucre, la vanille. Monter la crème en chantilly, l'ajouter délicatement dans la préparation ci-dessus.
Battre l'œuf en omelette, ajouter une pincée de sucre et une cuillerée à soupe d'eau.
Badigeonner de dorure les feuilletés, puis cuire 10 à 15 min environ.
Laisser refroidir sur grille.
Laver, équeuter les fraises, les couper en quatre ou six selon leur grosseur.
Déposer un cercle de feuilleté, placer le mélange petit-suisse crème et ajouter les fraises.
Placer le second cercle et décorer d'une pointe de crème.
Ajouter un morceau de fraise et le bouquet de menthe.
Saupoudrer de sucre glace.

Table des recettes

Mises en bouche et tartines

Entrées

Plats

Les recettes de cet ouvrage « Les idées gourmandes des Cercles Culinaires » ont été réalisées pour les Éditions Ouest-France par Thierry Bryone et Tugdual Debethune, chefs cuisiniers du Cercle Culinaire de Rennes, avec l'aide de Sandrine Guy.

Cet ouvrage a été imprimé par Pollina à Luçon (85) - n° L87161
ISBN : 2.7373.3135.8 - N° d'éditeur : 4459.01.07.09.02
Dépôt légal : septembre 2002